Franzius

PETRA LIERMANN

# WEIB LICH KEIT LEBEN

ZURÜCK IN DIE STEINZEIT ODER

VORWÄRTS IN EIN NEUES LEBEN

Ratgeber

Ein Buch aus dem FRANZIUS VERLAG

Cover: Perry Payne
Buchumschlag: Jacqueline Spieweg
Verantwortlich für den Text in Inhalt und
Form ist die Autorin Petra Liermann
Satz, Herstellung und Verlag: Franzius Verlag
Druck und Bindung: BoD, Norderstedt

ISBN 978-3-96050-067-4

2. Auflage



Die Deutsche Nationalbibliothek verzeichnet diese Publikation in der Deutschen Nationalbibliografie; detaillierte bibliografische Daten sind im Internet über http://dnb.dnb.de abrufbar.

## INHALT

# Vorwort ...

Dieses Buch wird wahrscheinlich manchen Leser nach den ersten zehn Seiten an den Punkt bringen, selbiges in die nächste Ecke pfeffern zu wollen, manche werden es lieben und sich bestätigt fühlen, andere wiederum mich als Hinterwäldlerin oder Verräterin der Frauenbewegung bezeichnen. Doch was nicht aufwühlt und bewegt, kann auch nicht radikal verändern und deshalb habe ich an jeden Leser nur den Wunsch - vor einem abschließenden Urteil - dieses Buch bis zum Ende zu lesen, denn vielleicht kommt es zu einem Abschluss, der für den einen oder anderen noch versöhnlich ist.

In jedem Fall würde es mich freuen, wenn es eine Basis für Veränderungen und Diskussionen wäre, die wir in Zukunft mit Sicherheit führen müssen, um einen anderen Weg zu gehen als den, der uns in den letzten Jahrzehnten zu einer Gesellschaft gemacht hat, die immer neue Level an Gewalt und Tabulosigkeit erreicht und sich immer weiter von der allumfassenden Liebe entfernt, die unser aller Ziel sein sollte.

In diesem Sinne wünsche ich Ihnen viele nachdenklich machende Seiten in diesem Buch.

Ihre Petra Liermann

# Ein altes Thema neu entdeckt…

Wieso schreibt man im 21. Jahrhundert ein Buch über Emanzipation und das Frau-Sein in dieser Welt? Ist das nicht alles schon erledigt und steht nicht schon lange fest, dass Frauen die gleichen Rechte haben wie Männer und auch sonst gleich behandelt werden sollen? Richtig, genau das ist es, was wir heute lernen und versuchen zu leben. Doch wo sind wir damit gelandet?

Wenn wir einmal ehrlich sind, versuchen die meisten Frauen, den Männern ebenbürtig zu sein. Und das in jeder Hinsicht. Frauen werden heute Automechaniker, sie gehen arbeiten, während der Mann zu Hause bleibt und auf die Kinder aufpasst, sie sind Managerinnen, die große Firmen leiten und haben sogar reelle Chancen, Staatsoberhäupter zu werden. Nichts ist Frauen in der westlichen Welt verwehrt. Trotzdem reicht es noch nicht. Immer mehr Quoten werden erschaffen, um auch ja Gleichheit in allen Bereichen garantieren zu können. Doch sind wir damit glücklicher geworden?

Am Ende verleugnen sowohl Frauen als auch Männer ihre typischen Attribute in der angestrebten Gleichheit und wundern sich darüber, dass sie zwar erfolgreich, aber wenig authentisch sind, oder sogar daran erkranken, denn die Seele akzeptiert keine Verleugnung.

Immer mehr Menschen erkennen, dass die Welt eine neue Art von Feminismus braucht, die mit der bisherigen nichts zu tun hat. Denn die Extreme steigern sich immer weiter und die aufgestellten Regeln und das oberflächliche Wissen um eine Gleichberechtigung der Geschlechter hat nichts weiter hervorgebracht als Kampf und eine nicht enden wollende Diskussion über Frauenquoten und scheinbare Ungerechtigkeiten.

An allen Ecken und Enden stellen wir fest, dass es so nicht geht. Wir hören Frauen, die Männer niedermachen, Frauen, die sich darüber beschweren, dass sie 200 Prozent dessen geben müssen, was ein Mann leistet, Frauen, die sich darüber beschweren, nur als Sexobjekt angesehen zu werden und Frauen, die der Meinung sind, dass sie die besseren Männer auf der Welt wären.

Wir sind geplagt von »political correctness« und streiten uns darüber, ob es denn sein kann, dass es »der Gott« ist und nicht »die Göttin«, als ob dies etwas am eigentlichen Inhalt ändern würde. Wird ein Brief der Einfachheit halber mit »Liebe Kollegen« angefangen, schreit die Frauenwelt auf und beschwert sich über Diskriminierung, so als ob es uns glücklicher machen würde, wenn unsere Existenz als Kollegin explizit genannt werden würde. Inzwischen ist die korrekte Verwendung von Begrifflichkeiten zu einem Spießrutenlauf geworden und nervt selbst die eingeschworensten Vertreter des Feminismus.

Schon lange geht es Frauen nicht mehr um Gleichberechtigung, sondern um einen Machtkampf, in dem Männer ihren angestammten Platz nicht kampflos überlassen wollen.

Gleichzeitig können wir aber auch eine Verrohung der Welt sehen, in der Gewalt immer brutaler wird, Kriege immer brutaler geführt werden und die Hemmschwellen sich immer weiter absenken. Der Wohlstand steigt, doch mit ihm die Gewaltbereitschaft, die Vereinsamung und die Abstumpfung.

Wir leben in einer Gesellschaft, in der man ist, was man hat. Es zählt der Besitz und Armut und Reichtum werden gemessen am Bankkonto. In einer Zeit, in der es in weiten Teilen Europas kaum noch lebensbedrohliche Armut gibt und die Medizin scheinbar in der Lage ist, fast alles für den Körper zu tun, kämpfen wir mehr denn je.

# Vom Jäger zum Geschäftsmann...

Doch beginnen wir mit der Beleuchtung unserer Entwicklung.

Vor Urzeiten, als die Welt scheinbar noch eine Scheibe war, Menschen sich in Felle kleideten und in Höhlen lebten, gingen die Männer auf die Jagd, während die Frauen sich um die Höhle, die Kinder und den Feuerplatz kümmerten, in der Gruppe Beeren sammelten und auch ansonsten dafür sorgten, dass alles schön seine Ordnung hatte. Wer sich einmal »Caveman« angesehen hat, wird verstehen, wovon ich rede.

Nun kannten die Höhlenmenschen noch nicht wirklich den Begriff »Emanzipation« und von Gleichberechtigung hatten sie auch nicht wirklich viel Ahnung. Sie taten einfach, was ihnen durch die Natur vorgegeben war. Oder glauben Sie ernsthaft, dass sich die Männer zusammengerottet und beschlossen hätten, mal eben die Frauen zu unterdrücken und die Macht der Welt an sich zu reißen? Jagen war keine angenehme Tätigkeit. Sie war gefährlich, anstrengend und oft erfolglos. Wenn wir jemanden unterdrücken wollten oder für wertlos erachteten, würden wir ihm diese Tätigkeit mit Sicherheit sofort unterschieben.

Außerdem fehlten diesen Menschen damals noch die intellektuellen Fähigkeiten, um sich über diese Dinge Gedanken zu machen. Sie taten einfach, wofür ihr Körper am besten geeignet war. Die Männer konnten eben besser rennen, sich auf eine einzelne Sache fokussieren und kämpfen als Frauen, die zudem noch während der Zeiten einer Schwangerschaft nicht hätten jagen können.

Blicken wir noch einmal auf »Caveman«, werden wir hier auch den Grund finden, warum Männer heute immer noch wenig multitaskingfähig sind, während Frauen spielend zehn Dinge gleichzeitig machen und dabei auch noch ein Buch lesen können. Während ein Mann im Bekleidungsgeschäft auf der Suche nach Socken verzweifelt, betritt eine Frau dasselbe Geschäft und geht zielstrebig auf die weiße Bluse zu, die sie sich schon lange erträumt hat. Frauen heute finden eben immer noch ihre Beeren, auch wenn sich deren Beschaffenheit deutlich geändert hat.

Die Menschen in der Steinzeit haben also nichts weiter getan als das, was ihnen am besten lag. Und damit war jeder versorgt und glücklich.

Nun sollten Sie dieses Buch nicht gleich in die Ecke pfeffern und sagen: »Die spinnt doch!«, denn ich möchte keinesfalls dazu auffordern, dass wir uns alle wieder in die Steinzeit begeben.

Wie also ging die Entwicklung weiter?

Die Rollenverteilung in der Steinzeit war also logisch, naturgegeben und trotzdem gleichberechtigt. Keiner, weder Mann noch Frau, behauptete von sich, besser, wertvoller oder dem anderen überlegen zu sein. Das konnte nur funktionieren, weil die Werte beider »Parteien« den gleichen Stellenwert hatten. Und eigentlich gab es nur einen einzigen Wert: Überleben. Die Männer wussten, dass sie für Nahrung sorgten, ohne die das Überleben nicht möglich gewesen wäre, wussten aber genauso gut, dass sie nicht gleichzeitig die Höhle bewachen und sich fortpflanzen konnten.

Frauen war klar, dass sie genau für diesen Bereich zuständig waren, jedoch ohne die Jagd der Männer weder genug Nahrung noch wärmende Felle gehabt hätten. Es war eine Symbiose, in der jeder die Fähigkeiten des anderen achtete.

Irgendwann änderten sich allerdings diese Werte. Die Sippen wurden kleiner, es gab Besitz in Form von Häusern und Feldern und die Menschen wurden sesshaft. Der ganz normale Fortschritt eben. Die Konsequenz hieraus war jedoch, dass manche Dinge »wert«-voller wurden als andere. Das Beerensammeln fiel weg, man legte Felder an und begann mit dem Tauschhandel. Das, was der Mann im weitesten Sinne jagte, war zu einseitig und musste in Teilen gegen andere Waren getauscht werden, die wiederum andere »gejagt« hatten. Man schloss sich auch nicht mehr in Gruppen zusammen, die alles teilten, sondern machte sein eigenes Ding. Und so begann der Kreislauf von Angebot und Nachfrage.

Die, die das richtige Gut zum Tausch anbieten konnten, das begehrt und rar war, konnten kleine Mengen davon gegen große des wenig begehrten eintauschen. Und weil das auf Dauer kompliziert wurde, dachte man sich nette kleine Münzen aus, die man von nun an verwendete, um das Tauschgeschäft einfacher zu gestalten.

Und wo blieben die Frauen mit ihren »Gütern«?

Nun, diese waren gleichgeblieben und jeder hatte sie. Jede Frau sammelte weiterhin ihre Beeren, auch wenn es nun eher die Eier im Stall oder der Weizen auf den Feldern war. Und jede Frau bekam weiterhin die Kinder und kümmerte sich um die Höhle, die nun ein Haus geworden war.

Die Waren der Frauen waren immer noch in derselben Menge verfügbar und mussten nicht getauscht werden. Man brauchte hierfür einfach keine Münzen, die jedoch immer weiter in ihrem Wert stiegen. Denn mit einer zunehmenden Menge an Waren nahm auch der Handel zu. Man wollte immer mehr Dinge für den gleichen Ertrag seiner »Jagd«. Also musste der Ertrag gesteigert werden und hierfür war der Mann zuständig. Hatte man also einen fähigen, hart arbeitenden Mann, bekam man mehr wertvolle Dinge.

Eine logische Konsequenz hieraus war, dass Frauen austauschbar und »wert«-loser wurden. Es kam auf den Mann an, auf Stärke und auf Reichtum. Nichts, was Frauen hätten bieten können. Sie waren das Opfer einer Entwicklung, die zwar mehr Sicherheit, Stabilität und Lebensqualität gebracht hatte, aber sehr einseitig war. Denn in der Steinzeit waren die Menschen zumindest zufrieden, wenn nicht sogar glücklich gewesen, nun bestimmte das Streben nach materiellen Gütern ihr Leben, die Gemeinschaft mit anderen fehlte und es herrschte ein Ungleichgewicht zwischen materiellen und immateriellen Dingen.

Ich verwende in diesem Zusammenhang das Wort »Opfer« bewusst, denn hätten Frauen in diesem Stadium erkannt, dass die von ihnen bedienten Werte mit keinem Gold der Welt aufzuwiegen sind, hätten sie sich nicht dem Streben der Männer nach immer mehr Gütern angeschlossen, hätten sie ihre Selbstbestimmung nie verloren.

Sie hätten erkannt, dass die nicht sichtbaren, fassbaren Dinge im Leben, die psychische Gesundheit und Liebe nicht messbar, bewertbar, dafür aber mindestens so wichtig wie Kleidung, Nahrungsmittel und ein Haus sind.

Doch die Frauen beschlossen, sich den Beurteilungen der Männer über die vorhandenen Werte anzuschließen.

Begünstigt wurde dies sicherlich durch eine weitere Entwicklung: Basierend auf dem Überlebensinstinkt, versuchte nun jeder Mann genug Güter anzuhäufen, um zu den reichsten Männern zu gehören. Die Angst, nicht genug zu haben, nährte den Wunsch nach Macht. Und mächtig war, wer am meisten hatte.

Somit begaben sich die Männer, die vorher in einer Gruppe zusammengehalten hatten, nun damit, sich selbst zu bekämpfen. Es bildete sich eine Gruppe heraus, die besonders schlau waren, denn für sie gab es einen Feind, der alles Materielle unwichtig erscheinen ließ: Gott. Seit es nun auch ein Christentum gab, herrschte über Allem nun ein gnädiger Gott, der GEBETen werden konnte. Und obwohl sie scheinbar für diesen Gott tätig waren und in seinem Namen handelten, nutzen sie das Vertrauen der Menschen in sie für sich.

Während der Normalbürger Gott und sein Handeln nicht verstand und Krankheit, Tod, Armut und Missernte als seine Strafe ansah und dies zum Anlass nahm, gottesfürchtiger zu leben, nutzte diese Gruppe die Gunst der Stunde, um ihr angeeignetes Wissen über die Bibel je nach Bedarf auszulegen. Sie sorgte dafür, dass nur besonders gebildete Menschen Zugang zu diesem Wissen bekam, was alleine durch die Kenntnis des Lesens und Schreibens und der lateinischen Sprache gewährleistet war. Erreicht wurde hierdurch, dass diese kleine Gruppe mächtiger war als die mächtigsten Männer. Aber ein für uns in diesem Buch wesentlicher Teil ihrer Macht bestand darin, dass sie den Menschen den Zugang zur Spiritualität versperrten. Sobald etwas entdeckt wurde, das ihre Macht hätte untergraben können, musste es beseitigt werden.

Und so ist es kaum erstaunlich, dass Ärzte mit ihrem sehr begrenzten Wissen des Mittelalters geduldet werden konnten, Kräuterfrauen, die mit nicht steuer- und einschätzbaren Methoden arbeiteten, jedoch als Hexe verbrannt wurden. Wer die Zukunft weissagte, heilen konnte oder magische Rituale vollzog, war eine Gefahr für die Macht des Klerus, der sicherstellen musste, die einzige Möglichkeit für die Nöte der Menschen zu sein.

Ab diesem Zeitpunkt konzentrierten sich die Menschen nur noch auf die Erforschung der Dinge, die sie sehen, fühlen und hören konnten. Materie war keine Auslegungssache und man konnte ungehindert und beweisbar Fortschritt erzielen, während alles andere in der Hand des Klerus lag, ja sogar zum Tod führen konnte, wenn man sich zu sehr damit beschäftigte.

Und genau das spielte der Abwertung weiblicher Werte in die Hand und führte dazu, dass wir heute Meister in der Forschung und Wissenschaft sind, von unserem Innenleben und den Energien um uns herum jedoch kaum eine Ahnung haben. Denn noch immer gibt es Strömungen, die genau dies verhindern wollen.

# Heimchen am Herd wird starke Frau...

Eins zeigt uns diese Entwicklung sehr deutlich: Welche Attribute vornehmlich weiblich und welche überwiegend männlich sind.

In der geschichtlichen Entwicklung begannen die Frauen schon sehr früh, für ihre Werte zu kämpfen. Die Männer hatten in der Zwischenzeit beschlossen, dass alleine ihre Leistungen von Wert wären und sie somit die Macht hätten. Die Frauen, die mit ihren »Leistungen« in der Entwicklung nicht mithalten konnten beziehungsweise sich selbst nicht ausreichend wertschätzten, hatten kaum eine andere Wahl, als sich zu unterwerfen. Und dieses System baute sich immer weiter aus. Männer bestimmten über alles. Doch schon im 12. und 13. Jahrhundert begehrten die Frauen auf. Wenn auch ohne Erfolg. Erst die Französische Revolution mit den Idealen von Freiheit und Gleichheit brachte dieses Thema wieder an die Oberfläche und die Frauenbewegung nahm ihren Anfang.

Leider wiederholte sich, was zuvor geschehen war: Noch immer lag die Macht bei den Männern und Frauen unterwarfen sich in der Bewertung ihrer Attribute und der Einschätzung WERTvoller Güter der seit jeher bekannten. Zwar schritt die Selbstbestimmung langsam, aber sicher voran, doch der Gleichberechtigung sollte man sich auch den nächsten 150 Jahren nur langsam annähern.

Nachdem dann nach dem Zweiten Weltkrieg vor allen Dingen Frauen die Arbeit der Männer beim Wiederaufbau übernommen hatten, forderten diese massiver die

Gleichberechtigung. Alleine im Körperbau bedingte Vorteile der Männer hatten Frauen bisher daran glauben lassen, das »schwache« Geschlecht zu sein, nun wurde klar, dass dies sie vielleicht von Weltrekorden im 100 Meter Lauf der Männer abhalten würde, nicht jedoch von Feldarbeit, Wiederaufbau von Häusern und Beseitigung der Trümmer. Sie erkannten, dass es vielleicht harte Arbeit war, für alles selbst zu sorgen, dass sie es jedoch schaffen konnten. Frauen erkannten plötzlich, wie stark sie wirklich waren und beschlossen, die neu gewonnenen Freiheiten nicht wieder herzugeben und für eine neue Position zu kämpfen.

Um jedoch bei diesem Spiel mitspielen zu können, brauchten die Frauen »Werte«. Doch was war in der Gesellschaft etwas wert? Kinder hatten sie schon immer bekommen, das Haus hatten sie auch in Ordnung gehalten und die Beeren gab es nicht mehr. Sie mussten also den Männern etwas bieten, das es ihnen ermöglichte, ihren Wert zu steigern.

Während die Anerkennung der Gleichwertigkeit als Mensch schnell abgefrühstückt war, wollten die Männer Frauen nicht so schnell in ihr »Jagdrevier« eindringen lassen. Eine Frau, die arbeiten ging, wurde nicht geduldet. Verständlicherweise verteidigten Männer ihre Domäne, die sie seit Jahrtausenden beherrschten. Wären Frauen in diese eingedrungen, hätten sie selbst an »Wert« verloren, denn im Gegenzug waren ihnen bestimmte »Werte« der Frauen verwehrt. Sie konnten keine Kinder bekommen, waren nicht multitaskingfähig – und konnten dies auch nur sehr schwer erlernen - und hatten nie Beeren gesammelt.

Verständlich, dass Männer zwar bereit waren, Frauen wählen zu lassen und ihnen ein gewisses Maß an Selbstbestimmung zuzuerkennen, sich jedoch weigerten, sie an der Beschaffung materieller Werte teilhaben zu lassen.

Frauen begaben sich also auf einen Weg, der bis dahin Männern vorbehalten gewesen war. Sie gingen arbeiten, sorgten für sich selbst und leisteten dies zusätzlich zu Kindern und Haushalt. Während die Männer also weiterhin ihrer gewohnten Jagd nachgingen, wurde ihre Leistung immer unwichtiger in der Gesellschaft. Sie erbrachten nichts mehr, das es den Frauen hätte schmackhaft machen können, für sie die Kinder zu erziehen, zu kochen oder das Haus in Ordnung zu halten. Sie verloren sozusagen ihre Identität und ihre bis dato ausschließlich männlichen Attribute waren nun ebenso weibliche.

Ein Nebeneffekt war, dass Frauen sich in ihrem Verhalten ebenso den Männern anpassten. Wollten sie bei der Jagd erfolgreich sein, mussten sie die Sprache der Jäger sprechen, sich wie Jäger benehmen und ihre Jagdkleidung tragen. Und so landeten wir in einer Zeit, in der Männer immer mehr an Identität verlieren, während Frauen sich in zwei Welten bewegen und dabei meistens eine die Oberhand gewinnen lassen, während die andere verkümmert.

Wir müssen gar nicht so weit zurückgehen, um die Schwierigkeiten zu erkennen, vor denen ein Mann heute steht.

Männer gingen immer zur Jagd und kämpften gegen Feinde. Zu Beginn des 20. Jahrhunderts wurde die Welt von zwei Kriegen erschüttert, bei denen viele Männer starben. Die Frauen waren kurzzeitig gezwungen, ihre

Arbeit zu übernehmen, was ihnen das Bewusstsein dafür öffnete, dass sie sehr wohl in der Lage waren, alleine zu überleben. Bis dahin galt es als typisch männlich, das Geld für die Familie zu verdienen, schwere Arbeiten zu erledigen und die Familie zu beschützen. Männer hielten Frauen die Türen auf, halfen ihnen in Mäntel, luden sie zum Essen ein, warben um sie und benahmen sich wie ein Gockel, der eine bestimmte Henne beglücken möchte. Sie stellten ihre männlichen Attribute zur Schau, die der Frau zeigten, dass genau dieser Mann in der Lage war, sie zu versorgen, zu beschützen und ihr im Allgemeinen ein angenehmes Leben zu sichern.

Im Zuge der Emanzipation und des Feminismus wurde all dies überflüssig. Frauen wollten in dem Bewusstsein leben, dass sie all dies nicht mehr brauchten, weil sie für sich selbst sorgen konnten. Dies führte dazu, dass wir heute so leben, wie wir leben.

Betrachten wir also die Geschichte und die Entwicklung, sehen wir, dass weibliche Attribute immer schon bekämpft wurden, weil sie kaum fassbar, widerlegbar oder in ihrer Macht einzuschätzen sind. Diejenigen, die nach Macht streben, haben und werden auch weiterhin weibliche Attribute als gefährlich ansehen, und hierbei sind nicht nur Männer gemeint, die Frauen bekämpfen.

Denn auch eine Frau wird - mit der heutigen Einstellung zu weiblichen Attributen – jederzeit gegen einen Mann vorgehen, der diese anwendet, solange sie sich dem Streben nach Macht anschließt.

Auch heute werden Menschen, die mit ihrer Intuition und rein energetisch heilen, ausgegrenzt. Ihre Fähigkeiten werden in nur sehr geringem Maße anerkannt und von vielen, die ihr Geld mit gut gemixter Chemie verdienen, als Bedrohung empfunden. Eine Hexenverfolgung, wie sie die Geschichte kennt, würde heute vielleicht gesitteter vonstatten gehen, jedoch wahrscheinlich genauso erneut passieren.

Die Existenz von mehr als einer Organisation, Institution und Firma hängt an einem seidenen Faden, sobald weibliche Attribute an Bedeutung gewinnen, denn dies würde ihnen die Grundlagen entziehen.

Würden die Menschen gar beginnen, sich selbst zu lieben, wäre dies eine Revolution, die unsere komplette Gesellschaft verändern würde.

Wie wir in der Geschichte sehen, haben schon kleinere Dinge ausgereicht, um die Mächtigen, an deren Stuhl gesägt wurde, zu massiven Mitteln greifen zu lassen.

Bisher haben Frauen allerdings mit den Mitteln gekämpft, die Männern besser bekannt waren als ihnen selbst. Reden wir aber nun von weiblichen Attributen, über die auch Männer verfügen, kommt der Gegenwind aus den eigenen Reihen.

# Beziehungen gestern und heute ...

Versuchen wir es mit einem Beispiel zu erklären:

1950: Der 25-jährige Hans ist Buchhalter in einer angesehenen Firma. Oft schon hat er Luise, die 23-jährige Sekretärin in der Finanzabteilung, von weitem bewundert. Einmal hat er ihr sogar den Vortritt beim Paternoster gelassen und sie dabei leicht am Oberarm berührt, um ihr hinein zu helfen. Da er genug gespart hat, um eine Familie zu gründen, und eine gute Position hat, traut er sich, Luise anzusprechen. Vorher schickt er ihr jedoch ein paar Blumen, um zu testen, wie sie reagiert. Als er eine durchaus positive Reaktion erkennen kann, beschließt er, sein Glück zu versuchen. Er geht in der Mittagspause an ihrem Schreibtisch vorbei und fasst sich ein Herz: »Sehr geehrte Frau Luise, ich bin Hans aus der Buchhaltung und Sie sind mir schon lange aufgefallen. Ich würde Sie gerne in ein Café einladen.«

Luise errötet leicht und schaut verlegen auf den Boden. Doch dann antwortet sie: »Sehr gerne, Herr Hans.«

»Gut, dann hole ich Sie heute bei Arbeitsende hier ab.«

Hans freut sich über diese positive Reaktion. Am Nachmittag geht er zu Luise, nimmt ihren Mantel und hält ihn ihr hin, damit sie mit den Armen hineingleiten kann. Beim Hinausgehen hält er ihr genauso die Tür auf wie beim Öffnen der Tür des Cafés. Er hilft ihr aus dem Mantel, als sie am Tisch ankommen, schiebt ihre den Stuhl zurecht und geht den Mantel aufhängen.

Ganz Mann von Welt fragt er Luise nach ihren Wünschen und bestellt für sie beide ein Stück Apfelkuchen mit Sahne und Kaffee. Verstohlen bewundert er Luises wundervolle Beine, die der Rock freilässt, und ihre gewellten, langen Haare. Ihm gefallen die kurvige Figur und ihre ruhige Art.

An diesem Tag unterhalten sich Luise und Hans gut und als sie ihren Kaffee getrunken haben, zahlt Hans für sie beide, hilft Luise auf, holt ihren Mantel und hilft ihr hinein. Beim Hinausgehen hält er ihr die Tür auf und begleitet sie nach Hause bis zur Tür.

Luise währenddessen wartet gespannt, ob Hans den nächsten Schritt gehen und sie vielleicht zu einem Abendessen einladen wird.

Nach ein paar Tagen passiert dies wirklich und nachdem sie sich noch ein wenig öfter unterhalten und getroffen haben, hört Luise Hans eines Tages im Hausflur, wie er ihre Mutter darum bittet, mit ihrem Vater reden zu dürfen.

Hans hat die Signale von Luise gedeutet und vermutet, dass sie sich so in ihn verliebt hat wie er in sie. Er kann sich Luise gut als Mutter seiner Kinder vorstellen und denkt, dass sie auch noch in 40 Jahren gut miteinander auskommen und sich lieben werden. Er geht also zu Luises Vater, berichtet ihm, wer er ist, was er arbeitet und verdient und aus welcher Familie er stammt. Dann bittet er um das Einverständnis des Vaters, Luise einen Heiratsantrag machen zu dürfen, das der ihm erteilt.

Einige Tage später, Luise ahnt es schon, nutzt Hans eine passende Gelegenheit bei einem Spaziergang, um vor

Luise auf die Knie zu gehen und sie darum zu bitten, seine Frau zu werden.

Einige Monate später, nach einer angemessenen Verlobungszeit, heiraten beide. Luise gibt ihren Beruf auf, wird bald schwanger und kümmert sich um Haushalt und Familie und beide sind glücklich.

Machen wir nun aus Hans den 30-jährigen Paul und aus Luise die 28-jährige Tina, die beide im Jahr 2016 leben und in der gleichen Abteilung einer Firma arbeiten. Tina ist Pauls Vorgesetzte und beide sehen sich täglich. Sie finden sich nett und attraktiv.

Paul findet Tina schon länger ziemlich interessant, traut sich aber nicht, ihr dies in irgendeiner Form zu signalisieren. Normalerweise würde er versuchen, Tinas Interesse durch eine zufällige Berührung zu wecken und ihr Interesse an ihm an ihrer Reaktion darauf abzuschätzen, aber vor ein paar Wochen hat ein Bekannter von ihm diese Methode bei einer Kollegin ausprobiert und wurde gleich der sexuellen Belästigung bezichtigt. Außerdem ist Tina seine Vorgesetzte und wenn sie privat mal etwas miteinander unternähmen und sich streiten würden, könnte Tina vielleicht seine nächste Beurteilung ein wenig nach unten korrigieren. Er hofft insgeheim auf den nächsten Betriebsausflug, um eine Gelegenheit zu bekommen, Tina näherzukommen. Oder vielleicht schnappt er ja irgendwann einmal auf, wo sie abends hingeht, damit er ganz »zufällig« auch da sein kann.

Tina hingegen hat Paul auch schon länger bemerkt und fragt sich, wie sie ihm zeigen kann, dass sie ihn attraktiv findet. Sie will auf keinen Fall ihre Position ausnutzen und weiß nicht so recht, ob es vielleicht Ärger gibt, wenn sie sich privat dann nicht verstehen sollten. Außerdem hat sie eigentlich sowieso keine Zeit für eine ernsthafte Beziehung und für eine kurze Affäre sind Mitarbeiten ihrer Ansicht nach wenig geeignet. Sie findet das zwar schade, verzichtet aber lieber darauf, auf Paul zuzugehen. Vielleicht ist er auch schwul und sie würde sich lächerlich machen.

Bis zum Betriebsausflug ein halbes Jahr später bleiben beide also auf Distanz. Nach ein paar Gläsern Wein, die sie zum Abschluss in einer Kneipe trinken, drängelt sich Paul durch die Menschen immer näher an Tina heran, bis sie beide an demselben Gespräch von mehreren Mitarbeitern beteiligt sind. Als sie beide dann endlich ein paar Worte alleine reden und das Thema auf thailändische Restaurants fällt, empfiehlt Tina Paul ein wirklich gutes. »Da gibt es wirklich wahnsinnig gutes Essen zu akzeptablen Preisen«, sagt sie zu ihm.

»Ist bei mir ein wenig schwierig, weil in meiner Umgebung kaum jemand thailändisches Essen mag«, antwortet er ihr in der Hoffnung, sie möge den Wink mit dem Zaunpfahl verstehen.

»Geht mir ähnlich«, sagt Tina zu Pauls Glück.

Er überlegt ein wenig, wägt die Vor- und Nachteile ab und entschließt sich dann, es einfach zu versuchen.

»Na, dann können wir ja einfach zusammen mal hingehen«, sagt er mit einem Gefühl der Unsicherheit. Er ist nervös und wartet gespannt auf Tinas Reaktion. Hoffentlich wird sie ihn nicht gleich empört zurückweisen.

»Gerne«, antwortet Tina zu seiner Überraschung und sie verabreden sich tatsächlich für das kommende Wochenende.

Am Samstag machen sich beide für ihr Treffen fertig. Tina steht vor dem Kleiderschrank und überlegt, was sie am besten anziehen sollte. Ein Rock wäre bestimmt übertrieben und Paul könnte etwas Falsches dabei denken. Am besten wäre eine nette Hose, die auch bequem, aber trotzdem chic ist. Als Zugeständnis wählt sie hohe Schuhe, das macht das Ganze etwas feiner. Beim Make-up legt sie etwas mehr auf als für die Arbeit, aber nur so viel, dass sie nicht aufgetakelt aussieht. Das Ganze ist ein Balanceakt zwischen »Arbeitskleidung«, »Ausgehen« und »Verführung«. Schon die Unterwäsche hat für Überlegungen gesorgt, denn es könnte ja vielleicht sein, dass …

Paul hat es da ein wenig einfacher und entschließt sich, eine gute Jeans und ein Hemd anzuziehen. Vorher räumt er aber noch seine Wohnung ein wenig auf, denn falls es vielleicht zu mehr kommt und sie bei ihm landen, möchte er einen guten Eindruck hinterlassen. Immerhin ist er nicht ganz so ein Schlunz wie viele seiner Freunde und kann auch ganz passabel kochen.

Tina und Paul treffen sich vor dem Restaurant. Sie begrüßen sich mit Handschlag und gehen in Richtung Eingang. Paul überlegt fieberhaft, ob es einen besseren Eindruck macht, wenn er Tina die Tür aufhält. Auf der anderen Seite möchte er nicht den Eindruck erwecken, dass er von der alten Schule ist und meint, dass eine Frau in irgendeiner Form einen Mann braucht, um zu überleben. Bis er sich entschieden hat, haben sie schon die Tür erreicht und Tina ist alleine durch.

Paul fragt Tina, wo sie sich denn hinsetzen sollen und Tina sucht einen Tisch aus. Ihre Jacken hängen sie einfach über den Stuhl und setzen sich. Beide nehmen die Karte vom Kellner entgegen und unterhalten sich ein wenig über ihre Erfahrung mit einzelnen Gerichten, wählen dann aus und bestellen getrennt.

Das Essen verläuft in gelöster Stimmung, sie reden nur wenig über die Arbeit, sind aber bei Informationen über ihr Privatleben noch etwas vorsichtig. Paul wartet insgeheim auf ein Zeichen von Tina, dass sie mehr Interesse an ihm hat. Tina ist ihrerseits ein wenig enttäuscht, weil Paul keine Anstalten macht, ihr zu signalisieren, dass er sie auch privat interessant findet.

Nach dem Essen zögert Paul die Begleichung der Rechnung hinaus. Gerne würde er Tina einladen, aber die verdient mehr als er und er weiß nicht, ob das angebracht ist. Tina fragt sich, ob Paul vielleicht erwartet, dass sie ihn einlädt, weil sie ja mehr verdient. Am Ende trennen sie die Abrechnung und jeder zahlt für sich.

Beide finden, dass es noch sehr früh am Abend ist und gehen in eine nahegelegene Kneipe, um noch ein Bier zu trinken. Das Gedränge dort ist eine gute Möglichkeit, Berührungen als zufällig und durch die Schieberei verursacht darzustellen. Nachdem sie der Alkohol etwas lockerer gemacht hat, beginnt Tina, mit Paul zu flirten und nach einem weiteren Bier beschließt sie, dass ihr Alkoholpegel ihr genug Ausrede ist für den Fall, dass Paul das nicht will oder sich am nächsten Arbeitstag beschwert.

Beide landen am Ende des Abends bei Tina im Bett und Paul fragt sich, ob Tina vielleicht erwartet, dass er am Morgen verschwunden ist, tut aber einfach so, als ob er schlafen würde. Als sie aber dann wenige Stunden später aufwachen, weiß keiner so richtig, wie er mit dem anderen umgehen soll. War das ein One-Night-Stand in betrunkenem Zustand oder vielleicht doch mehr? Paul beschließt, es Tina einfacher zu machen und sagt: »Du, ich weiß, dass wir gestern Abend zu viel getrunken haben und ich würde es dir nicht übel nehmen, wenn du das alles vergessen wolltest.«

Tina, die erleichtert ist, dass Paul das Thema zur Sprache bringt, wiegelt sofort ab: »Nein, nein, alles okay. Ich bin nur nicht das beste Beziehungsmaterial."

Sie erklärt Paul, dass sie hofft, ihre Karriere noch ein wenig vorantreiben zu können, dass sie sich immer sehr schnell eingeengt fühlt, wenn sie mit einem Partner zusammenleben »muss« und dass sie von Heiraten nicht viel hält.

Paul seinerseits hat die Vorstellung, irgendwann einmal zu heiraten und seine eigene Familie zu haben. Er mag Bindungen und würde gerne, wenn eine Beziehung funktioniert, mit seiner Partnerin zusammenziehen.

Und so lassen es beide langsam angehen. Auf der Arbeit verheimlichen sie ihre Beziehung erst einmal und nachdem sie in mehreren Monaten festgestellt haben, dass sie in Bereichen wie »Familienplanung«, »Urlaubsziele« und »gemeinsame Wohnung« zu keinem Kompromiss finden können, der sie beide glücklich macht, trennen sie sich.

Wundert es uns, dass es derartig viele verzweifelte Singles in unserer Welt gibt?

Aber vielmehr noch: Was ist aus der Emanzipation geworden, die mit so guten Motiven begonnen hat?

Anstatt zu erreichen, dass sich die Werte angleichen und die »Produkte« von Mann und Frau gleich viel Wert haben, ist etwas passiert, womit weder die eine noch die andere Seite glücklich ist: Männer dürfen ihre männlichen Attribute nicht mehr leben und sehen sich mit der ständigen Frage nach einem korrekten Verhalten konfrontiert, während Frauen sich darüber beschweren, dass es keine Gentlemen mehr gibt und sie völlig überfordert sind in ihrem Spagat zwischen Beruf und Familie.

Die Entwicklung geht sogar in die Richtung, dass junge Menschen heute sich immer weiter von dem Wunsch nach Individualität entfernen. Es gibt inzwischen den Einheitslook und einen einheitlichen Umgang mit dem anderen Geschlecht. Austauschbarkeit in jeglicher Hinsicht ist die Konsequenz.

Die Frauenbewegung hat erreicht, dass das zu verwendende, politisch korrekte Wörterbuch stark erweitert wurde, Frauen zur Erfüllung einer Quote auf Positionen gesetzt werden, für die ein Mann vielleicht die bessere Qualifikation hat und Frauen, die für sich die Rolle als Hausfrau und Mutter als Erfüllung ansehen, als Verräterinnen betitelt werden. Natürlich war es wichtig und vollkommen korrekt, dass das Bewusstsein aller Menschen sich dahingehend entwickelt, Frauen als gleichwertige Menschen mit denselben Rechten anzusehen. Auch ist es ohne Zweifel so, dass für gleiche Arbeit gleicher Lohn gezahlt werden muss. Aber wie überall kann eine erzwungene Gleichwertigkeit, die nur in Regelwerken, aber nicht in den Köpfen und im Gefühl der Menschen vorhanden ist, nur scheitern. Selbst wenn alles umgesetzt ist, was der Feminismus fordert, werden wir feststellen, dass Frauen sich immer noch nicht glücklich fühlen und Männer noch unglücklicher sind als im Moment.

Wir haben viel von dem erreicht, was sich Frauen zu Anfang des 20. Jahrhunderts vorgenommen haben. Trotzdem fehlt die entsprechende Steigerung in der Zufriedenheit und wir wundern uns zudem, dass trotz der zurückliegenden Entwicklung, ebenso der in der Medizin, dem steigenden Gesundheitsbewusstsein und der viel gesünderen Lebensweise Erkrankungen wie Brustkrebs ständig steigen.

# Regeln und andere Versuche ...

Um der Ursache auf den Grund gehen zu können, müssen wir etwas ausholen und sollten erst einmal für uns definieren, was Gleichberechtigung ist.

Einige meinen, dass es immer noch weniger Frauen in Führungspositionen gibt als Männer und dass dies ein Zeichen von Ungleichberechtigung wäre.

Ist dies wirklich so? Oder ist es nicht vielmehr so, dass es immer noch einige wenig belehrbare Frauen gibt, die ihr Glück in der Führung eines Haushalts und dem Betreuen der Kinder sehen? Da es - und dies nicht nur erzwungenermaßen - in europäischen Breitengraden immer noch hauptsächlich Frauensache ist, zumindest im ersten Lebensjahr des Kindes zu Hause zu bleiben und nur wenige Männer die Möglichkeit in Anspruch nehmen, Erziehungsurlaub zu nehmen, die durch die Gesetzgebung geschaffenen Möglichkeiten hierzu jedoch existieren, darf man davon ausgehen, dass es sich hierbei um die freie Entscheidung der Frauen in den meisten Fällen handelt.

Ist es dann vielleicht so, dass Frauen dann gleichberechtigt wären, wenn sie für ihre Leistungen im Haushalt und bei der Erziehung ebenso Geld erhalten würden wie die Männer für ihre Arbeit? Nun, im weitesten Sinne ist dies natürlich auch so, denn entweder erhalten Frauen Geld in einer der möglichen Formen vom Staat oder verfügen mit über das Geld, das der Partner mit nach Hause bringt. Doch dann sind diese Frauen ja abhängig!

Richtig, das sind sie vordergründig. Aber ist es der Mann nicht auch? Denn noch ist es zwar für eine Frau möglich, mit ein wenig Hilfe ein Kind für sich alleine zu bekommen, Männer sind aber immer darauf angewiesen, eine Partnerin zu haben, die auch mit dem Kind bei ihnen bleibt. Auch eine nicht zu unterschätzende Abhängigkeit.

Was auch immer wir als Maßstab von Gleichberechtigung heranziehen: Wir werden auf keinen grünen Zweig kommen! Und das liegt an einer sehr banalen Gegebenheit: Gesetze können geändert und geschaffen werden, Quoten können eingeführt werden und trotzdem werden sich Frauen benachteiligt fühlen, weil sich das Wertegefühl damit nicht einhergehend ändert.

Solange wir in einer materialistischen Welt leben, in der Geld Macht darstellt und nur Stärke und gesellschaftliche Stellung zählen, solange uns beigebracht wird, dass Emotionen und Familie nicht beim Überleben helfen und wir unser Glück in materiellen Dingen suchen, werden die weiblichen Attribute wenig geschätzt werden. Und Frauen unterstützen dies, indem sie sich in ihrem Wertesystem dem anschließen! Frauen wertschätzen ihre eigenen Attribute und »Produkte« nicht, erwarten dies aber von der »Männerwelt«.

Es krankt folglich an unserem Wertesystem. Und dabei ist die Frauenbewegung nicht die einzige, die diese Erfahrung machen muss. Denn fast jede Organisation, Gesellschaft und Gemeinschaft hat ein vorgegebenes Ziel, das sie versucht, durch mehr oder weniger Regeln zu erreichen.

Nehmen wir als hervorstechendstes Beispiel einmal die Kirchen: Während die Bibel noch mit einer einzigen Regel auskommt, die das Leben der Menschen zum Paradies auf Erden machen soll, sehen die heutigen Machthaber dort - und als nichts anderes sind sie zu bezeichnen - in einer Unmenge von dicken Wälzern, die ein Regelwerk ohne Gleichen zum Inhalt haben, noch immer ein unvollständiges Konstrukt, das einer Ausweitung bedarf. Ziel der Kirchen ist die Liebe und Nächstenliebe – zumindest vordergründig, doch dazu später. Um dieses Ziel zu erreichen, lassen sie die Gläubigen nicht einfach ihren Weg gehen. Sie definieren, wie man sich verhält, wenn man liebt, und nehmen ihre Definition als Basis für Regeln, sodass auch jemand, der seinen Nächsten nicht liebt, sich so verhalten kann, als ob ... Da das Brechen dieser Regeln zu Bestrafung führt, die im Falle der Kirchen die Exkommunizierung bedeuten kann, lernen die Mitglieder dieser Kirchen zwar schnell, wie das richtige Verhalten auszusehen hat, lieben ihren Nächsten aber trotzdem noch lange nicht.

Nicht zu unterschätzen ist dabei, dass die Machthaber in diesem Gefüge ihre eigenen Interessen schützen wollen und hierzu den Fortbestand ihrer Institution sicherstellen müssen. Es ist also von immenser Bedeutung, dass die Abhängigkeit der Gläubigen bestehen bleibt, wozu ein weiteres Regelwerk erschaffen werden muss.

Einziger Ausweg aus der Misere wäre, wenn wirklich jeder die ursprünglich als Ziel gesetzte Liebe wirklich empfinden würde, denn dann wäre jedes Regelwerk obsolet. Doch damit auch die Kirche an sich. Somit ist offensichtlich, dass das Ziel dieser Institution die eigene Selbstzerstörung ist, was man – und das absolut zu Recht – sehr stark anzweifeln darf.

Ähnlich verhält es sich in anderen Strukturen.

Regierungen, welcher Art auch immer, erschaffen immer mehr Gesetze, selbst wenn die bestehenden ein jahrelanges Studium erfordern, weil es immer noch Dinge gibt, die eben nicht geregelt sind und von alleine nicht so funktionieren, wie sie sollten.

Wundert es uns da wirklich, wenn sich unter Jugendlichen der eine (oder die eine) wie der andere kleidet und Individualität nicht gefragt ist?

Es ist also kein Wunder, wenn die Frauenbewegung und der Prozess der Gleichberechtigung eben an dieser Krankheit leiden, die auch alle anderen Systeme befällt: Das ausführlichste Regelwerk kann und wird die innere Einstellung der Menschen nicht ändern. Nach außen angepasst, werden Frauen vielleicht erreichen, dass sie denselben Verdienst erhalten wie Männer, aber niemals, dass ihre eigentlichen Attribute wertgeschätzt werden, weil sie dies selbst nicht tun. Selbst wenn jede Feinheit geregelt ist, wie es Frauen heute fordern, selbst wenn jedes Ziel erreicht wurde, das sich die Frauenbewegung heute setzt, werden Frauen sich immer noch nicht gleichberechtigt fühlen. Sie werden immer noch nicht glücklich mit dem Erreichten sein, weil auch das ausführlichste Regelwerk dazu führen kann, dass etwas ist als ob ... Es ist eine Täuschung und ein Stückwerk, zu dem die innere Einstellung der Menschen fehlt, denen zudem das Bewusstsein fehlt, wer sie wirklich sind.

Es geht in allen Fällen immer um das »wie«, das erschaffen werden muss. Der Weg kann nur über eine innere Einstellung nach außen hin erfolgen, aber nie umgekehrt. Doch wie wir diese innere Einstellung erreichen, wird uns weder in Schule noch im Beruf beigebracht und von zu Hause aus nur selten mitgegeben. Und wenn wir einmal ehrlich sind, gibt es vielfältige Interessen auf der Welt, für die es eine Katastrophe wäre, wenn dieses »wie« plötzlich existent wären. Zwar träumen wir gerne von der perfekten Welt, dennoch mögen wir es, dass es sich hierbei lediglich um einen Traum handelt, der von uns keine Konsequenzen fordert.

Es gibt einen Cartoon, auf dem ein Redner vor einer Menschenmenge zu sehen ist, der diese fragt, wer von ihnen will, dass sich die Dinge ändern. Alle schreien hier. Doch als der Redner ein Bild weiter fragt, wer bereit ist, etwas zu tun, damit es sich ändert, schauen alle beschämt zu Boden.

Bei allem, was wir an Änderungen wünschen, sollten wir uns also immer das Ziel vor Augen führen, das es zu erreichen gilt, aber genauso den Weg, den wir dafür gehen müssen. Reden wir also von der Gleichberechtigung der Frau, müssen wir in letzter Konsequenz auch als Frau bereit sein, aus unserer Komfortzone auszutreten, uns selbst mit unseren Attributen zu erkennen und deren Einbringung mit allen ihren Konsequenzen zu tragen.

Ein Satz, der in diesem Zusammenhang mehr als stimmig ist, lautet: »Das Leben ist schön, von einfach war nie die Rede!« Und genau das ist der Punkt: Wenn wir eine vollständige Gleichberechtigung wollen und Weiblichkeit leben möchten, werden uns Regeln und Verhaltenskodizes nicht helfen, die einen einfachen Weg garantieren würden. Wollen wir ein Leben in Gleichberechtigung, werden wir den für uns schwierigen Weg gehen müssen, der alles ändert und uns aus unserer Komfortzone holt.

# Wann eine Frau eine Frau ist ...

Nachdem wir nun den evolutionären Teil der Frauenbewegung beleuchtet haben und den offensichtlichen Grund für die »Wertsteigerung« männlicher Attribute herausgefunden haben, ist es notwendig, sich den anderen Einflüssen zu widmen, denen sich Frauen ausgesetzt fühlen.

Dafür ist es notwendig, das Idealbild einer Frau zu finden, das eine möglichst weitreichende Allgemeingültigkeit hat. Welchen Anforderungen werden heute also an eine Frau gestellt?

Beginnen wir der Einfachheit halber mit dem europäischen Raum und den reinen Äußerlichkeiten, denn diese sollten uns am besten bekannt sein.

Betrachten wir die Medien, wird uns als Idealbild eine untergewichtige, langhaarige, stark geschminkte und faltenfreie Frau präsentiert, die modebewusst, beruflich erfolgreich und trotzdem die perfekte Mutter ist. Babysabber, Schlabberklamotten und Speckröllchen werden – falls überhaupt vorhanden – weg retuschiert. Mädchen werden von Kindesbeinen an mit dem Bild der Prinzessin konfrontiert, das ihnen als DAS Wunschbild einer Frau eingeredet wird.

Betrachten wir also den Werdegang eines Mädchens, das zu Beginn des neuen Jahrtausends geboren wurde, werden wir sehen, dass die vorgelebten Werte und Ideale, durch die es geprägt wird, widersprüchlich und verwirrend sind. Einerseits Prinzessin, die vom Prinz errettet wird, ist das weibliche Vorbild – die Mutter – emanzipiert und berufstätig. Die Frau von heute, die dem Mädchen vorlebt, wie es einmal werden sollte, ist unabhängig, kann alles genauso gut wie der Vater, wenn sie nicht gar alleinerziehend ist und sowieso beide Rollen in sich vereint. Sie kämpft und beschwert sich oft über die Männer, die ja alles dürfen, und stellt sich in vor allem männlichen Bereichen als Opfer dar. Ist es nun der böse Mann, der sie verlassen hat oder der Beruf, in dem Männer bevorzugt werden oder ein anderes Thema.

Gleichzeitig vermitteln die Medien dem Mädchen das Idealbild einer Frau in Form eines Hungerhakens, der möglichst in Kleidergröße 32 hineinpasst. Ab Größe 42, die mit etwas ausgeprägteren Formen getragen werden muss, gilt man als Plus Size und findet in den In-Läden der Teenager schon keine Kleidung mehr. Skinny ist in.

Behandelt wird das Mädchen im weiteren Lebensverlauf wie ein Junge. Hat es in der früheren Kindheit noch Barbiepuppen vorgesetzt bekommen und rosa Röckchen getragen, gibt sich die Schule nun Mühe, keinerlei Unterschiede zu machen. Gefragt ist nur das als sachlich betitelte Verhalten, bewertet wird nur das Wissen, nicht das Gefühl oder gar Empathie.

Da die Jungen in ihrer Umgebung von ähnlichen Werten geprägt sind, versucht sich das Mädchen anzupassen, die Kleidung zu tragen, die »in« ist, schlank zu sein, die Haare lang zu tragen, sich zu schminken, wie es alle anderen tun und wird zu einer unter Vielen. In ihrer Individualität wird sie im besten Fall zu Hause gefördert.

Im Berufsleben später sind die Attribute »Gefühl« und »Empathie« genauso wenig gefragt wie in der Schule und die junge Frau sieht sich vor der Herausforderung, sich zu entscheiden, ob sie einmal Mutter werden möchte oder lieber ihre Karriere vorantreibt, denn eine Unterbrechung der Berufstätigkeit, vor allen Dingen in jungen Jahren, wäre der Karriere schädlich.

Insbesondere in den deutschsprachigen Ländern passen sich Frauen, die sich für eine Karriere entscheiden, sehr schnell der Männerwelt an und ignorieren die weiblichen Attribute und Vorzüge.

Berufstätigkeit ist - wenn man eine Karriere anstrebt - in den meisten Fällen ein Kampf, den die Frau alleine austrägt. Von Natur aus kommunikativ veranlagt und mit der Tendenz zur Teamarbeit, steht sie hier nun ab einer bestimmten Karrierestufe alleine da. Will sie unter den männlichen Kollegen bestehen, wird sie auf Kleidung verzichten, die ihre weiblichen Attraktionen hervorhebt, damit erst gar nicht das Gerücht aufkommt, sie »schlafe sich nach oben«.

Auch möchte sie ja für ihre Leistung und nicht für ihren Körper beachtet werden. In der Kommunikation begibt sie sich ebenfalls auf die Ebene ihrer meist männlichen Kollegen, die alle sehr sachlich und wenig ausschmückend reden und ihre Entscheidungen auf Fakten, keinesfalls jedoch auf Emotionen aufbauen.

Betrachtet man dieses Leben, wird man schnell feststellen, dass die Frau kaum noch Raum findet, auch Frau zu sein. Bezieht man dann noch den Verlauf von Liebesbeziehungen mit ihren Stolperfallen mit ein und die Tatsache, dass Männer sich kaum noch trauen, ihre männlichen Attribute zu leben und eine Frau oftmals wie ein rohes Ei behandeln, um ja nicht als Macho dazustehen, ist es kein Wunder, dass vor allen Dingen in arabischen Ländern, in denen diese Werte noch nicht gelten, Erstaunliches passiert: Diese Frauen, die in Europa so hart für Gleichberechtigung und ihren Platz in der Männerwelt kämpfen, fallen reihenweise bei einem Poolboy um, der sie als Frau behandelt, der ihre weiblichen, körperlichen Vorzüge wahrnimmt und seine Rolle als Mann ausfüllen möchte, indem er beschützt, hofiert und für die Frau sorgt.

In den meisten Fällen ist es so, dass Frauen, die in ihrem Alltag in von Männern dominierten Jobs arbeiten, ihre weiblichen Eigenschaften derartig unterdrücken, dass sie nur zu gerne bereit sind, die offensichtlich rückständige Verhaltensweise anderer Kulturen kommentarlos zu akzeptieren. Zumindest in der Anfangsphase.

Alternativ finden wir Frauen, die gelernt haben, dass das Herausstellen der körperlichen Alleinstellungsmerkmale ebenso zum gewünschten Erfolg führen kann. Wer mithilfe der Chirurgie und Botox einen Körper erschaffen hat, der dünn ist, über Körbchengröße DD verfügt und faltenfrei bleibt, kann es genauso zu materiellem Erfolg bringen wie die Frauen, die sich in der männlich dominierten Arbeitswelt behaupten.

Den gesunden Mittelweg sucht man meist vergebens. Beide Varianten finden ihren Weg zur Erlangung materieller Sicherheit, ignorieren dabei jedoch, dass sie sich verbiegen oder verändern müssen, um dahin zu gelangen. Die breite Masse der Frauen, die weder Managerin noch Supermodel sind, ergeht sich in Unzufriedenheit mit dem eigenen Körper oder dem Gefühl, in einer Abhängigkeit zu sein.

Fassen wir zusammen: Frauen haben vor tausenden von Jahren ihre natürlichen Anlagen genutzt und sich um einen Teilbereich des Lebens gekümmert, Männer um den anderen, der ihren Anlagen mehr entsprach. Im Rahmen der Evolution und der Verschiebung der Werte verloren die weiblichen an Bedeutung, während die männlichen Attribute die Vormachtstellung übernahmen.

Seit Beginn der Frauenbewegung kämpfen Menschen darum, Frauen Gleichberechtigung zuteilwerden zu lassen, allerdings ohne dabei die weiblichen Werte den männlichen in ihrer Bedeutung anzupassen. Die Anpassung erfolgt in der Form, dass Frauen zwar Zugang zu allen männlichen Domänen haben und die gleichen Rechte wie Männer besitzen, ihre eigentlichen Begabungen aber weiterhin unterdrückt beziehungsweise in der »Männerwelt« nicht wertgeschätzt werden.

## Die physische Seite …

Machen wir nun mit einem anscheinend völlig aus dem Zusammenhang gerissenen Thema weiter: der Medizin.

Die Entwicklung in der Medizin ist weitestgehend bekannt und spielt, wenn es um das Thema »Frausein« geht, scheinbar nur eine untergeordnete Rolle. Umso mehr jedoch ist die Ist-Situation von Belang.

Die moderne Medizin ist in der Lage, mit fast jeder Erkrankung des Körpers umzugehen. Sicher, es gibt immer noch und immer wieder Erkrankungen, die nicht geheilt werden können, aber vergleichen wir unsere heutigen Möglichkeiten mit denen, die Heilern und Ärzten von 200 Jahren zur Verfügung standen, ist der Fortschritt immens.

Der normale Weg unserer Zeit ist es, bei Anzeichen einer Erkrankung zu einem Schulmediziner zu gehen, der eine Diagnose stellt und die Symptome durch dem Körper in der Regel fremde Stoffe bekämpft. Wir sind es gewohnt, bei Kopfschmerzen mal eben eine Tablette einzuschmeißen, Allergien zu unterdrücken, Erkältungen durch Antibiotika und Magengeschwüre durch eine Operation zu beseitigen. Hilft alles nichts, gibt es Allheilmittel wie Cortison, die fast alles unterdrücken, von Allergien bis hin zu Rheuma und Arthrose. Hilft auch das nichts mehr, operiert man, ersetzt, wenn möglich, kaputte Gelenke oder entfernt, was stört.

Seit einigen Jahren haben die Menschen den Weg zurück zu altbekannten Hausmitteln, aber auch zur Homöopathie gefunden. Auch Traditionelle Chinesische Medizin erfreut sich wachsender Beliebtheit. Das neue Bewusstsein für Gesundheit und gesundes Leben hat auch dafür gesorgt, dass viele Menschen versuchen, ihre Beschwerden auf natürliche Art zu beseitigen.

Langsam, aber stetig dringt auch eine andere Tatsache zu den Menschen durch: Das psychische Befinden wirkt sich direkt auf das physische aus. Arbeitgeber lernen, dass glückliche Mitarbeiter glückliche Kunden produzieren und Ärzte verstehen, dass die beste Medizin nicht helfen kann, wenn die Psyche des Patienten sich gegen die Heilung stellt.

Im Rahmen dieser Entwicklung kommen immer mehr ganzheitliche Methoden zur Anwendung, die teilweise schon hunderte von Jahren alt sind. Diese lehren, dass eine körperliche Heilung meist die Folge einer seelischen Blockadenbeseitigung ist. Diese Methoden zäumen für die meisten Ottonormalverbraucher das Pferd also von hinten auf.

Gingen wir bisher davon aus, dass es uns wieder gut geht, wenn körperliche Symptome beseitigt worden sind, lernen wir nun, dass erst die seelische Heilung dafür sorgt, dass eine Krankheit gar nicht erst auftritt beziehungsweise wiederkehrt.

Asiatische Heilmethoden arbeiten fast alle mit den sogenannten Chakren, die ein Verbindungsglied zwischen Körper, Geist und Seele darstellen und die Energien der jeweiligen Bereiche weiterleiten. Ist ein Chakra blockiert, was durch unverarbeitete Negativerfahrungen passieren kann, aber auch fehlende Akzeptanz des eigenen Selbst oder einzelner Teilbereiche, kann die Energie nicht weitergeleitet werden und die entsprechenden Bereiche des Körpers erkranken.

Es gibt eine Vielzahl von Methoden, die derzeit den Markt erobern, die jedoch alle alleine auf energetischer Ebene arbeiten. Doch sie lösen alle lediglich die Blockaden, die durch ein Verhalten entstanden sind, das dem Energiekörper widerspricht. Löst man also eine solche Blockade, kommt es zu einer kurzfristigen Besserung, doch ähnlich wie ein Abflussrohr, in das man Müll schüttet, wird auch das Chakra bei unverändertem Verhalten wieder voll und verstopft. Will man also eine dauerhafte Besserung und Heilung erzielen, wird es sich nicht vermeiden lassen, das Verhalten zu ändern.

Es scheint also alleine Ganzheitlichkeit die einzig wahre Lösung zu sein, was eine energetische Blockadenlösung und Energieversorgung sowie eine bewusste Verhaltensänderung erfordert.

Betrachten wir nun den Bereich, der uns interessiert, nämlich die weiblichen Attribute. Von den sieben Hauptchakren ist lediglich eins passend zum Thema: das Sakralchakra, auch Sexualchakra genannt. Bezeichnenderweise liegt es eine Handbreit unterhalb des Bauchnabels. Dieses Chakra ist zuständig für die Emotionen, für die Sexualität, aber auch für Mutter- und Vaterthemen. Hier geht es um die absolute Annahme des Selbst, die Eigenliebe und auch Körperlichkeit.

Wie der Sitz dieses Chakras schon zeigt, können Blockaden in diesem Bereich zu körperlichen Erkrankungen bei Eierstöcken, Eileitern, Gebärmutter oder Scheide führen. Typisch weibliche Beschwerden sind also auf eine Blockade genau hier zurückzuführen.

Betrachten wir einmal die Zahlen alleine in Deutschland, müssen wir feststellen, dass es jedes Jahr eine halbe Million neuer Krebserkrankungen gibt, von denen bei Männern die mit Abstand häufigste Art der Prostatakrebs, bei Frauen der Brustdrüsenkrebs ist. Erstaunlich – oder auch nicht? – wenn wir die bisherigen Ausführungen betrachten.

# Und aus psychologischer Sicht ...

Nachdem wir unseren Körper wahrscheinlich mehr als gut kennen, ist es zum weiteren Verständnis noch wichtig, unseren Energiekörper zu verstehen. Denn dieser stimmt meist nur insofern mit unserem Körper überein, als dass er die Vorlage für ihn liefert.

Für die meisten wird der Ausdruck »Seele« ein gängiger Begriff sein. Doch was wir eigentlich damit meinen, ist so viel mehr, als die Allgemeinheit weiß: Unser Energiekörper ist nicht begrenzt auf das Leben in einem grobstofflichen Körper. Er verfügt über das gesamte Wissen, alle gemachten Erfahrungen aller Leben und ist in seinem Ursprung reine Liebe. Er hat das Verständnis für das All-Eins und kann mit unserem angsterfüllten Kopf und der Dualität nicht viel anfangen. Hier entstehen die Reibungspunkte und Blockaden.

Denn unser Gehirn ist ein Supercomputer, der ohne unser Dazutun Prozesse absolviert, die uns Bewunderung abringen sollten. Jede noch so kleine Information wird verarbeitet und gespeichert, jede neue Situation mit den bisherigen verglichen und einsortiert. Und vor allen Dingen entscheidet unser Gehirn darüber, wie wir reagieren. Wenn wir der Meinung sind, dass wir unseren Kopf benutzen, liegen wir eigentlich immer vollkommen falsch, denn es ist unser Gehirn, von dem wir gesteuert werden, wenn wir uns nicht klar davon distanzieren und beginnen, es als Hilfsmittel zu sehen. Aber dazu später mehr.

Auch wenn es schwerfällt, das zu glauben, ist es dennoch so. Denn wie viele unbewusste Abläufe werden von unserem Gehirn gesteuert, ohne dass wir auch nur ein einziges Mal bewusst darüber nachgedacht hätten? Wer gibt schon bewusst den Befehl zu atmen? Oder wer kann bestimmen, wie schnell sein Herz schlägt?

Wir reagieren tagtäglich öfter spontan und ohne einen bewussten Entschluss dazu zu fassen. Und unser Hauptantrieb dabei ist Angst. Von Geburt an leben wir in Angst. Ist es anfangs nur die Sorge um unser Überleben, werden die Ängste mit zunehmendem Alter immer größer. Wir brauchen Macht, finanzielle Mittel, Besitztümer, Freunde. Wir unterdrücken, lügen, manipulieren.

Und wenn wir nun glauben, dass wir auch lieben und anderen helfen, lässt sich meist recht schnell beweisen, dass auch dies mit Angst zu tun hat.

Die meisten Menschen suchen für ihren Topf den passenden Deckel. Sie suchen jemanden, der zu ihnen passt, der ihnen etwas gibt, das sie brauchen, ergo ihnen fehlt. Und das nennen sie Liebe. Fehlende Selbstliebe wird von unserem bequemen Kopf nämlich auf dem einfachsten und kürzesten Weg ausgeglichen. Anstatt den schmerzhaften Weg über die Arbeit mit sich selbst zu gehen, wird einfach ein anderer Mensch genommen, der einem diese Liebe gibt.

Sie meinen, dass das ja nun völlig überzogen ist? Warum empfinden wir dann die Notwendigkeit, mit dem Menschen, den wir angeblich so selbstlos lieben, ständig zusammen sein zu müssen? Warum schmerzt es so, wenn dieser Mensch uns ablehnt? Bedingungslose Liebe ist eben auch vorhanden, wenn der andere sie nicht erwidert. Wir wären glücklich, wenn dieser Mensch glücklich ist. Ein solcher Mensch könnte uns nicht enttäuschen, denn wir hätten keinerlei Erwartungen an ihn. Wie oft benutzen wir in gescheiterten Beziehungen Sätze wie »Wir haben uns auseinander entwickelt« oder »Er/Sie konnte mir einfach nichts mehr geben« oder »Er/Sie hat mich enttäuscht«. Alles Sätze, die uns die Wahrheit über unsere angebliche Liebe sagen. Bedingungslose Liebe, wie wir sie anstreben und die uns zu uns selbst meist fehlt, ist nicht an eine bestimmte Entwicklung oder eine bestimmte Änderung in den Verhaltensweisen geknüpft. Und sie erwartet nichts, kann somit auch nicht enttäuscht werden. Wer meint, dass eine offene Zahnpastatube oder ein liegengelassener Socken bedingungslose Liebe zerstören kann, liegt immer daneben. Viel wichtiger wäre hier die Frage, warum man selbst in Resonanz mit etwas geht. Doch zurück zu unserem Gehirn.

Unser Kopf geht für uns also immer den einfachsten Weg. Er warnt uns den gesamten Tag, 24/7, unser Leben lang. Alles, was ihm unbekannt ist, erzeugt Angst. Alles, was schon einmal als schlecht erfahren wurde, produziert wiederum Angst. Und in den meisten Fällen können wir bei diesem Gefühl, das eigentlich kein Gefühl ist, nicht »über unseren Schatten springen«. Die Angst regiert uns.

Erst, wenn wir in der Lage sind, nicht sofort zu reagieren (was natürlich nicht für Situationen gilt, in denen dies erforderlich ist), sondern unsere Angst als ein Produkt unseres Kopfes wahrzunehmen und sie bewusst zu steuern, können wir von uns behaupten, mehr als nur unser Denken zu sein. Es geht um die Entwicklung eines Bewusstseins unseres kompletten Wesens und darum, eine

Distanz zum eigenen Denken aufzubauen, es zu überprüfen und notfalls zu korrigieren.

In uns herrschen eine Vielzahl von Ängsten, die verschiedenste Ursprünge haben. Unser Körper hat eine Grundangst, die sich auf das nackte Überleben bezieht, das in unserer heutigen (westlichen) Welt eigentlich kaum noch von Belang sein dürfte. Wir sind nicht mehr durch äußere Einflüsse in Lebensgefahr, was unser Gehirn aber kaum zu verstehen scheint. Es scheint nicht zu realisieren, dass wir nur in den seltensten Fällen durch Hunger, Durst, Kälte oder Hitze sterben können. Selbst ein Baby braucht diese Angst in unseren Breitengraden kaum, verfügt aber schon hierüber. In der weiteren Entwicklung bleibt diese Grundangst und wird die Basis für einen Wunsch nach immer mehr materieller Sicherheit. Und so macht uns unser Gehirn, das fleißig der Werbung zugehört hat, vor, dass wir nur glücklich und zufrieden wie die Frau in dem betreffenden Spot sein können, wenn wir die entsprechende Creme besitzen. Wir wollen Anerkennung, wollen dazugehören.

Unsere Ängste basieren auf den Ergebnissen eines Computers, der es einfach nicht besser weiß, weil es ihm nie jemand gesagt hat und seine Ängste bisher kommentarlos hingenommen wurden.

Doch zurück zu unserem Energiekörper.

Während unser Gehirn immer mehr Glaubenssätze über uns selbst und die Welt anhäuft und dem Körper befiehlt, diese in die Realität – in Materie - umzusetzen, sucht unser energetisches Wesen nach einem Weg aus der Dualität und in die allumfassende Liebe. Es möchte die Verbundenheit mit allen anderen Menschen leben und kennt keine Ängste, denn es befindet sich in der Gewissheit, dass alles, was passiert, eine Erfahrung ist, die es machen will und das alles zum Besten geschieht.

Allerdings schaffen die meisten Menschen es noch nicht einmal zur Selbstliebe, geschweige denn zur Nächstenliebe oder gar allumfassenden Liebe. Verwechseln darf man dies nicht mit Selbstbewusstsein, denn dies setzt nicht unbedingt Eigenliebe voraus.

Viele selbstbewusste Menschen leben in der Gewissheit, dass sie gut aussehen, alles alleine schaffen können und/oder wertvoll sind, trauen sich aber nicht, ihr wirkliches Wesen zu erkennen und es so anzunehmen, wie es ist. Sie sind sich des Wesens bewusst, das ihr Kopf aus ihnen gemacht hat und das die Werte erfüllt, die sie erlernt haben. Sie haben es geschafft, ihre Ängste zu beruhigen, die meist materieller Natur sind. Viele haben dies geschafft, indem sie jahre- oder jahrzehntelang ihre tiefsten Wünsche unterdrückt und ihre »innere Stimme« ignoriert haben. Doch genau darum geht es: das Erkennen des Selbst und seine uneingeschränkte Akzeptanz und Liebe. Dabei kann kein Regelwerk und keine berufliche Stellung helfen, genauso wenig wie ein volles Bankkonto oder ein Ferrari vor der Tür.

Widerspricht etwas der Beschaffenheit unseres Energiekörpers, also der allumfassenden Liebe, entsteht eine Reibung zwischen diesem und dem Gehirn/Körper, was wir als Unwohlsein oder Schmerz wahrnehmen. Beachten wir dies nicht weiter und verhalten uns weiterhin auf dieselbe Art und Weise, wird die Verbindung zum Körper, das Chakra, fortlaufend stärker blockiert. Man kann sich dies vorstellen wie ein Abflussrohr, in dem sich so lange Schmutz ablagert, bis es verstopft ist.

Der Energiefluss ist gestört und der Körper erkrankt an einer der Stellen, für die das blockierte Chakra zuständig ist. Wird diese Erkrankung wiederum beseitigt, indem einfach nur die Symptome behandelt werden, nicht jedoch die Ursache, wird ein anderes Ventil für das Ungleichgewicht gesucht.

Logische Konsequenz hieraus ist, dass bei jeder Erkrankung sowohl die körperliche als auch die seelische Ursache gefunden werden und beides gleichermaßen behandelt werden muss, um eine dauerhafte Heilung herbeizuführen.

Wichtig ist hier »Authentizität«. Authentisch lebt, wer es schafft, sich selbst und sein wirkliches Wesen zu erkennen, zu akzeptieren und dementsprechend zu leben. Sobald Denken, Fühlen und Handeln miteinander in Einklang stehen, ist der Mensch glücklich. Dafür ist es unabdingbar, dass wir uns in allen Bereichen wahrnehmen. Und hier sind wir wieder bei den Werten, die eine Frau ausmachen.

Wir können nun anhand der Art der Erkrankungen bei einer Frau sehen, in welchen Bereich ihr Energiefluss gestört ist und wo sie blockiert oder gehemmt ist. Betrachten wir die steigenden und dauerhaft hohen Zahlen von Brustkrebserkrankungen und nehmen wir hinzu, dass eine Krebserkrankung grundsätzlich Ausdruck der absoluten Ablehnung von Leben ist, können wir schlussfolgern, dass hier das Leben der Weiblichkeit abgelehnt oder als schlecht empfunden wird.

# Der »Wert« der Weiblichkeit ...

Was sind nun weibliche Werte und Attribute und wie erkennen wir sie?

Eine Frage, die sicherlich für jeden anders zu beantworten ist, denn jeder verbindet etwas anderes damit. Doch vielleicht ist der kleinste gemeinsame Nenner hierfür die Rolle der Frau als Mutter, eine Aufgabe, die sie nur sehr bedingt an einen Mann delegieren kann.

Vordergründig ist die Frau in einer empfangenden Position. Sie »empfängt« ein Kind, bietet die idealen Voraussetzungen während der Schwangerschaft für ein beschütztes Wachstum des Fötus und ist in der Lage, das Neugeborene über Jahre alleine durch die Muttermilch zu ernähren. In diesem Stadium gibt sie Nähe, Liebe und Fürsorge. Nicht umsonst verwenden wir die Bezeichnung »Mutter Erde«.

Mit einer Mutter verbinden wir im Idealfall die Person, die uns Geborgenheit, ein sicheres Zuhause und Lieblingsgerichte auf unserem Weg mitgegeben hat. Sie ist weich, für ihr Kind schön und zuständig für die Gefühle.

Aber auch in Bezug auf die Familie nimmt eine Mutter meist eine tragende Rolle ein, denn sie ist der Part, der vermittelt, sich um die Beziehungen untereinander kümmert und die Familie oftmals zusammenführt.

Einen weiteren Hinweis auf weibliche Attribute und Werte gibt uns aber auch die Literatur. Das Genre »Frauenliteratur« ist voll von Liebesromanen, die sich bei den romantischen Adjektiven überbieten. Bildhaftes Beschreiben durch diese Adjektive und ein ausschweifenderes Erklären sind hier fast schon Pflicht. Weibliche Werte sind demzufolge Empathie, ausführliches oder auch bildhaftes Reden, Romantik und Sensibilität.

Weitere weibliche Attribute sind Körperbewusstsein, Sinnlichkeit, prozessorientiertes Denken – im Gegensatz zum zielorientierten – , eine intuitive und instinktive Ausdrucksweise, der Wunsch nach Harmonie, die Suche nach Verbundenheit, Geborgenheit und Kontinuität.

Hat eine Frau eine »weibliche Figur«, verbindet man im Allgemeinen ausgeprägte Hüften und Busen, in jedem Fall aber eine an diesen Stellen gerundete Figur. Weitere körperliche Merkmale sind in unserer Zeit lange Haare, Fingernägel und ein gepflegtes Make-up.

Fast ausschließlich sind diese Attribute in der Gesellschaft jedoch wenig anerkannt, wenn nicht sogar negativ behaftet. Die ersten »Vorbilder« von Frauen waren nämlich im Regelfall ihre Mütter und Großmütter, bei denen sie gesehen haben, wie diese Attribute bewertet werden. Kinder spüren sehr schnell, wie es um die Erwachsenen in ihrer Umgebung bestellt ist und so haben viele Kinder in ihrer Familie mitbekommen, dass Weiblichkeit gleichzusetzen ist mit Schwäche und Abhängigkeit. Ein Bild, das sich nur noch schwer revidieren lässt.

Die meisten empfinden heute Fürsorge als eine Art von versuchter Fremdbestimmung oder Bevormundung. Empathische Fähigkeiten schaffen es gerade wieder, ein wenig Aufwertung zu erfahren, werden aber oft bei einer Frau als fehlender eigener Wille ausgelegt. Hingabe ist etwas, das wir nur noch aus Liebesromanen kennen, es dort toll finden, im richtigen Leben aber als Abhängigkeit empfinden.

Das sehr weibliche Attribut der Gefühlsbetontheit und die besondere Fähigkeit, diese auch ausdrücken zu können, ist in der heutigen Gesellschaft weder gewünscht noch anerkannt, Frauen werden hierfür oft als launenhaft oder sentimental hingestellt. Wer kennt nicht das meist negativ behaftete PMS (prämenstruelles Syndrom), das im Notfall immer dann genannt wird, wenn eine Frau aus Sicht ihrer Umgebung besonders emotional (über-)reagiert.

Das mit Abstand schönste Attribut des Weiblichen ist die Fähigkeit, bedingungslose Liebe empfinden zu können, zu leben und auszustrahlen.

Doch im Beruf geht es nur um das Erreichen von Zielen, der Prozess dorthin ist oft weniger interessant. Erst in den letzten Jahren haben Arbeitgeber verstanden, dass der Arbeiter wieder als Mensch zu sehen ist, der sich in seinem Arbeitsumfeld wohlfühlen muss, um produktiv zu sein. Doch auch hier sind Gefühle völlig fehl am Platz. Es gilt das objektive, rein sachliche Bewerten, Reden und Handeln, bei dem weibliche Aspekte wie Intuition, ein harmonisches Miteinander im Team oder Empathie wenig gefragt sind. Sowohl in Beruf als auch Privatleben sind weibliche Attribute also immer mehr mit negativen Empfindungen verbunden. Sie sind keine Werte, die in der Gesellschaft eine besondere Rolle spielen, also auch nicht weiter entwickelt werden, und gehören maximal in den häuslichen Bereich. Wer heute als Frau sagt, Mutter und Hausfrau sein zu wollen, wird komisch angesehen und belächelt. Dieser Fulltime-Job, der viel Energie und Kraft erfordert, niemals eine Pause einräumt und auch keine Urlaubstage oder gesicherte Bezahlung mit Sozialversicherung garantiert, benötigt zwar eine enorm hohe menschliche und soziale Kompetenz und zudem ein umfassendes Wissen in allen Bereichen, hat aber das Ansehen eines Hilfsarbeiterjobs, wobei dieser immer noch ein Einkommen sichert, also vorzuziehen wäre.

Frauen sollten mindestens halbtags arbeiten, denn nur die Tätigkeit einer Mutter und Hausfrau macht sie in der Gesellschaft zu einem unproduktiven Mitglied.

In der Kommunikation finden wir heute eine Vielzahl von Hinweisen darauf, welche weiblichen Attribute existieren und was typisch weiblich und typisch männlich ist. Sie liefert uns einen perfekten Spiegel der Unterschiede. Frauen können sich stundenlang über Nichtigkeiten unterhalten, klatschen, tratschen und fühlen sich wohl, wenn sie sich mit einer Freundin zusammentun und »mal so richtig ablästern« können. Nicht, weil sie eine andere Frau fertigmachen möchten, sondern um die eigene Zusammengehörigkeit zu demonstrieren. Während ein richtig guter Männerabend auch darin bestehen kann, dass man sich auf ein Bier trifft, ein Fußballspiel guckt und dabei kein einziges Wort wechselt, würden Frauen davon ausgehen, dass ihre Freundin sie nicht mehr mag, weil sie ja nicht redet.

Während ein Mann beim Frühstücken zur Zeitung greift, weil im Moment gerade nichts geredet wird, versteht die Frau dies als Zurückweisung. Und der Satz, dass eine Frau »ja« meint, wenn sie »nein« sagt, kommt auch nicht von Ungefähr, denn eine Frau »arbeitet« auf der emotionalen Ebene, während der Mann die reinen Fakten betrachtet.

# Der Verlust des Yin in der Welt ...

Wer sich als Frau nun hier gar nicht wiederfindet, hat einen von zwei Gründen hierfür, der eigentlich aber auf einen reduziert werden kann: Das überaus gute Training, in einer Männerwelt zu bestehen mit der Konsequenz, sich selbst zu verleugnen oder einen überaus hohen Anteil an männlichen Eigenschaften, wobei sich selbst ein Mann anteilig in dem gerade Beschriebenen wiederfinden sollte, weshalb es eigentlich nur einen Grund geben kann.

Denn es existiert das Yin-Yang-Prinzip, nach dem ein Kreis in einen weißen und einen schwarzen Anteil geteilt wird, wobei der weiße Teil einen schwarzen Punkt beinhaltet und der schwarze einen weißen. Welche Größe die jeweiligen Punkte haben, kann variieren.

Übertragen heißt dies, dass eine Frau in den meisten Fällen einen hohen Anteil an weiblichen Attributen aufweisen wird, jedoch auch über männliche verfügt, und ein Mann zwar hauptsächlich männliche, jedoch auch weibliche Anteile hat.

Ohne Zweifel ist es so, dass nur alles in seiner Gesamtheit ein Ganzes ergibt. So ergibt nur die Frau mit ihren weiblichen und männlichen Attributen zusammen den kompletten Menschen, zusammen mit ihrem passenden männlichen Gegenstück den gesamten Kreis. Dies bezieht sich keinesfalls auf den Körper, in dem wir geboren werden, und kann auch körperlich gleichgeschlechtliche Beziehungen mit einbeziehen. Und es kann auf unsere komplette Welt übertragen werden: Berufswelt, Familie, Menschheit.

Leider ist es in der heutigen Gesellschaft weder für eine Frau noch für einen Mann angesehen, stolz auf weibliche Attribute zu sein. Obwohl wir, wenn wir unsere Gesellschaft betrachten, feststellen werden, dass Extreme nie gut sind. In jedem Bereich ist ein Ausgleich wichtig.

So, wie wir in der Medizin in den letzten Jahren festgestellt haben, dass alleine eine körperliche Behandlung nicht ausreichend ist, sondern Heilung immer einhergehen muss mit einer Änderung der Verhaltensweisen, zumindest aber dem Glauben an die Möglichkeit der Heilung und den Willen dazu, so stellen wir auch immer mehr fest, dass die immer geringer werdende Bewertung weiblicher Attribute in der Welt zu immer mehr Krieg und Hass führt.

Gerade in den letzten Jahren hat die Welt die Brutalität und der Umfang von Gewalt entsetzt. Betrachten wir einmal die Kriminalstatistik, sind bei allen Straftaten nur ein Viertel der Tatverdächtigen Frauen. Geht man differenzierter vor und betrachtete die Täter bei Gewaltverbrechen ein, sinkt der Anteil weiblicher Tatverdächtiger auf unter 15 Prozent. Hierbei ist ein weiterer interessanter Aspekt, dass in ländlichen Gebieten die Rate weiter stark absinkt. Bei Sexualverbrechen ist der Anteil der weiblichen Täter verschwindend gering.

Frauen scheinen zur Erreichung ihrer Ziele, aber auch in den ihnen zur Verfügung stehenden Möglichkeiten Gewalt als ein wenig adäquates Mittel anzusehen. Dabei ist dies wenig verwunderlich, denn diese Methoden waren auch im Rückblick auf die Geschichte immer Männern zugedacht. Im Umkehrschluss bedeutet dies, dass ein Ansteigen der Wertigkeit weiblicher Attribute (auch und vor allem bei Männern) zu einem Absinken der Gewalt führen würde. Es heißt aber auch, dass der Anstieg der Brutalität und der Kriege darauf hindeutet, dass weibliche Werte immer weiter absinken. Wo auch immer man die Ursache sucht – ob in der Art der Erziehung der Kinder oder im Vorleben der Mütter – ist für uns wenig interessant, denn es gilt vor allen Dingen, hier die Richtung zu wechseln.

Wir stellen immer wieder fest, dass es in Gesellschaft und Politik nur noch um Macht geht und hier fast jedes Mittel den Zweck heiligt. Im Kleinen ist es der Chef, dem das Befinden seiner Mitarbeiter gleichgültig ist und der von ihnen erwartet, dass sie »funktionieren«. Und selbst wenn es ihn interessieren sollte, muss das Ergebnis stimmen und erst dann kann ein möglicherweise entstehender Spielraum bei der individuellen Beurteilung und Vorgehensweise in Bezug auf Personalfragen genutzt werden.

Generell gilt die Regel der Gewinnmaximierung unter Ausschöpfung aller verfügbaren Ressourcen ohne Einbindung von Gefühlen. Objektivität ist gefragt, die schnelle und unkomplizierte Erreichung des Ziels der einzige Leitfaden. Hierzu wird Logik verwendet, eventuell dabei auftretende »schlechte Bauchgefühle« konsequent ignoriert.

Überall existiert der Versuch eines Spagats zwischen Nächstenliebe - oder einfach nur Menschenfreundlichkeit - und Gewinn. Die Pharmaindustrie muss Umsatz machen und kann sich die Heilung von Patienten eigentlich gar nicht leisten, weil ihr dadurch die Kunden abhandenkommen, die Waffenindustrie will eigentliche den Weltfrieden, gleichzeitig ist sie auf Krieg und Zerstörung angewiesen, weil sie sonst die Betriebe dichtmachen müsste, die Zigarettenindustrie ist sich bewusst, dass sie gesundheitsschädliche Produkte herstellt und von neuen Rauchern abhängig ist, warnt aber trotzdem vor den Risiken, die Regierung würde diese Droge gerne verbieten, nimmt auf der anderen Seite aber nicht gerade geringe Steuergelder darüber ein, die auch nicht zu verachten sind.

Wir wissen, dass für unser Frühstücksei Legebatterien geschaffen und aufrechterhalten werden, dass unser Auto zur Umweltverschmutzung beiträgt und Kinder für unsere T-Shirts für Hungerlöhne ihre Gesundheit gefährden, verdrängen aber den Gedanken, weil wir unseren Standard ja nicht absenken wollen, um in der Gesellschaft nicht aufzufallen oder unbequemer zu leben. Dies wiederum wird uns von der Werbung suggeriert, die uns tagtäglich einredet, dass wir bestimmte Dinge brauchen, um dazuzugehören. Je mehr wir haben, desto mächtiger sind wir. Geld regiert eben die Welt und wer hat, der hat.

Aus Angst, dass wir vielleicht plötzlich zu Außenseitern werden könnten, schließen wir uns der Mehrheit an und schwimmen mit dem Strom. Und hat jemand die Macht und genug Angst, will er die vernichten, die ihm widersprechen und damit eventuell sogar Recht haben könnten.

Dieses System der Angst wird dann ebenfalls gerne von Parteien genutzt, denn dort können sie die Menschen an einem Punkt greifen, den diese vermeintlich nicht steuern können. Denn bisher sind die meisten Menschen der

Überzeugung, dass Angst ein Gefühl ist und man Gefühle nicht erzwingen beziehungsweise erzeugen kann.

Die Technik ist zu immer mehr in der Lage und die Frage stellt sich bei jeder neuen Entwicklung, ob diese für Menschen oder mehr Macht genutzt wird. Neuestes Beispiel ist die Möglichkeit, einen fast gläsernen Menschen zu erschaffen, dessen Bedürfnisse und Ängste offengelegt werden können. Anstatt nun dies zu nutzen, um in bestimmten Gebieten oder Städten Verbesserungen zu initiieren, nutzten bereits mehrere politische Berater dies, um die »richtigen« Ängste in den »richtigen Gebieten« weiter zu schüren und so eine Wahl zu gewinnen.

Fremdenfeindlichkeit, Terrorismus, Bürgerkriege, Kriege, aber auch Nachbarschaftsstreitereien, Mobbing und Rücksichtslosigkeit sind für uns heute so normal, dass es kaum noch eine Meldung in der Zeitung wert ist.

Wir könnten diese Liste unendlich weiterführen, aber können hier schon erkennen: In dieser Welt sind typisch weibliche Werte nicht existent, eben weil sie weder mit Macht in finanzieller, noch anderer Hinsicht etwas zu tun hat. Dabei hilft auch keine Mutter der Nation, die ihre Weiblichkeit komplett unterdrückt und dies nicht nur in Bezug auf Kleidung und Frisur.

Es fehlt komplett der Gegenpart zur männlichen Energie und wie im Kleinen so im Großen, wie in Familien so in Ländern und der Welt. Das System ist weder authentisch noch ausgeglichen und ein wichtiger Teil fehlt, ohne den es kippen und scheitern muss. Und Frauen sind der entscheidende Part hier, weil sie selbst ihre weiblichen Attribute nicht mehr wertschätzen. Und wenn nicht sie, wer dann?

Wir kennen eine Welt, in der es darum geht, die eigenen Interessen, die vom Gehirn produziert werden, zu verteidigen, immer mehr zu »jagen« und immer bessere Waffen und Methoden für diese Jagd zu entwickeln. Der mit dem größten Bären hat das meiste Fleisch und die wärmsten Felle. Die Beeren sammelnden Frauen sind damit beschäftigt, die Jagd und die Methoden der Jäger bestmöglich zu kopieren und lassen die Höhle unbeaufsichtigt und treten in Konkurrenz zu den anderen Frauen, die dies ebenfalls versuchen. Dabei vergessen sie die Kinder, die von ihnen nur noch dieses Verhalten erlernen und es kopieren können. Die wenigen Frauen, die dies nicht wollen, werden ausgegrenzt und gehören nicht mehr dazu, weil ihre Beeren nicht mehr interessant sind. Wen wundert dann noch diese Welt?

# Wie Veränderung passiert ...

Um dies einmal explizit zu erwähnen: Dieses Buch ist KEIN Aufruf, in die Steinzeit zurückzukehren! Doch müssen wir uns fragen, an welcher Stelle wir die falsche Abzweigung genommen haben. War es in dem Moment, in dem sich die Steinzeitmenschen begannen niederzulassen? Oder vielleicht, als sich die ersten Dörfer bildeten und man sesshaft wurde? Hat die Einführung des Geldes dazu geführt, dass weibliche Werte wertlos wurden? Oder kam dies erst im 20. Jahrhundert?

Wie es auch sei, Tatsache ist, dass materielle Dinge immer mehr an Bedeutung gewinnen, ein harmonisches Zuhause, umfassende und ungeteilte Aufmerksamkeit für die Kinder und ein liebevolles Miteinander gleichermaßen daran verlieren. Gewalt wird immer roher, Kriegswaffen immer zerstörerischer und der Umgang mit Umwelt und Tierwelt immer gedankenloser, während Intuition, Empathie und Gemeinschaft nur belächelt werden.

Wir bevorzugen es, die Welt mit Atombomben mehrfach zerstören zu können, als dieses Geld in das Wohlergehen ganzer Völker zu investieren.

Und nur allein die Aufwertung weiblicher Attribute kann eine Änderung herbeiführen.

Frauen müssen hierfür nicht ihre Arbeit aufgeben und sich fortan nur noch um Haus und Kind kümmern, sie müssen vor allen Dingen beginnen, ihre Werte zu erkennen, wertzuschätzen und in ihr Leben zu integrieren. Und Männer benötigen dringend eine Reformation des Bildes eines perfekten Mannes und sollten ihre weiblichen Attribute ebenso integrieren, wie dies die Frauen tun. Dies kann und muss gleichfalls im Arbeitsleben und in der Politik geschehen.

Anstatt weibliche Attribute zu unterdrücken und auszugrenzen und sich »männlich« zu verhalten, sollten Frauen ihr wahres Wesen leben und stolz darauf sein. Sie berauben sich dadurch nicht nur ihrer Weiblichkeit und verlieren den Kontakt zu ihrem inneren Wesen, sondern treten auch in direkte Konkurrenz zu Männern, die ihre männlichen Attribute bedroht sehen und entweder aufgeben oder in einen überflüssigen Kampf gegen Frauen eintreten.

Anstatt im Yin-Yang-Prinzip alle zum weißen Teil gehören zu wollen – ohne hier eine Wertung mit einer der Farben zu verbinden – sollten wir stolz darauf sein, die Welt ein wenig bunter gestalten zu können.

Passiert diese Art von Umdenken und lernen Frauen wieder, ihre Weiblichkeit zu lieben, werden sie unabhängig von Männern. Denn erst die fehlende Eigenliebe führt zu einer Bedürftigkeit, die eine Abhängigkeit zur Folge hat. Und in dieser sind weibliche Eigenschaften schwach und ein Gefängnis.

Betont werden muss in diesem Zusammenhang erneut, dass sowohl Frauen als auch Männer über weibliche Anteile verfügen und diese unterschiedlich stark ausgeprägt sind. Es gilt also auch für jeden Mann, seine weiblichen Attribute zu erkennen, sie anzuerkennen und einzusetzen.

Auch wenn Frauen eindeutig über mehr weibliche Attribute verfügen und diese weitaus deutlicher ausgeprägt sind - alleine schon aufgrund ihrer körperlichen Beschaffenheit -, ist jeder Mensch ein Individuum, das in seiner Einzigartigkeit Teil eines Ganzen ist und nur durch seine komplette Anerkennung seines Selbst seine Aufgabe ausfüllen kann. Es kann also durchaus weiterhin eine Konstellation geben, bei der sich in einer Partnerschaft der Mann um Haushalt und Familie kümmert, während die Frau arbeiten geht. Allerdings werden auch hier Haus, Familie und Erziehung gleichwertig mit Arbeit, finanzieller Unabhängigkeit und Absicherung sein.

Auch in der Arbeitswelt gibt es ein glückliches Miteinander, wenn jeder sich selbst wertschätzt und einbringt. Da kann es auch ein Single-Team sein, welches sich zusammen tut.

Denn auch hier kann dieses Modell nur funktionieren, wenn die Partner sich selbst erkannt und lieben gelernt haben und in ihrer Rolle die ideale Verteilung der Aufgaben gemäß ihrer weiblichen und männlichen Talente sehen.

Diese Entwicklung wird nicht »von oben« passieren, sie muss ihren Anfang in den Menschen selbst nehmen und sich auf die Familie, Freunde, das Umfeld, die Stadt und dann vielleicht auf ein Land oder einen Kontinent ausweiten. Keine neuen Gesetze und Regelungen werden es den Menschen, vor allen Dingen den Frauen, abnehmen, sich selbst auf den Weg zur Selbsterkenntnis und Eigenliebe zu machen und ihre Werte wieder anzupassen.

Ein gutes Beispiel hierfür ist sicherlich die arabische Welt, in der Frauen zwar die weiblichen Werte leben müssen und oberflächlich betrachtet die Welt so ist, wie sie sein sollte, in der Tiefe betrachtet jedoch genau das

Gegenteil geschieht: Stärke, Macht und finanzielle Absicherung werden höher angesiedelt als in der westlichen Welt. Männer unterdrücken ihre weiblichen Attribute mehr als irgendwo sonst, weil sie als unmännlich angesehen werden, und nutzen ihre männlichen zur Unterdrückung der Frau, um ihre eigene Position zu stärken, während die Frauen ihre eigenen weiblichen Eigenschaften als Schwäche betrachten, die sie unfrei macht. Sie sehen sich selbst in einer Abhängigkeit vom Mann, was jede Eigenliebe verhindert.

Selbst die ausdrücklich ausgesprochene, auch sicherlich so gemeinte Wertschätzung von Familie und Kindern durch die Männer ändert also nichts an der Tatsache, dass Frauen unterdrückt werden und das System in diesen Ländern noch weniger funktioniert als in anderen. Was sicherlich auch daran liegen mag, dass die Familie und Kinder zur Absicherung des Lebens, vor allen Dingen im Alter, dienen und es nicht um die Wertschätzung der dazugehörigen Attribute geht.

# Neues Gleichgewicht ...

Die Gleichsetzung der weiblichen Werte in jeglicher Hinsicht scheint somit zu einer umfassenden Lösung all unserer Probleme zu führen. Für jede einzelne Frau würde es die Konsequenz ihrer Selbstfindung und Eigenliebe sein, daraus resultierend einen gesunden Körper, Wohlbefinden und Glück »verursachen«, denn Blockaden der Chakren gehörten der Vergangenheit an.

Bei Männern hätte es ebensolche Auswirkungen, würde ihnen ihre Alleinstellungsmerkmale zurückgeben und ihr Verlangen nach immer mehr Macht durch Demonstration von Stärke absenken.

In jedem Betrieb wären Mitarbeiter tätig, die ihr volles Potenzial nutzen und dadurch hervorragende Ergebnisse erzielen könnten, denn plötzlich stünden ihnen weitere Werkzeuge zur Verfügung, die neue Perspektiven eröffneten, gleichzeitig jedem Mitarbeiter aber auch die Chance geben würde, authentisch zu arbeiten und keine Rolle mehr spielen oder bestimmte Persönlichkeitsbereiche ausgrenzen zu müssen.

Extrem(istisch)e Parteien hätten kaum noch Ansätze, die breite Masse für sich zu gewinnen und Politik würde sich dahingehend ändern, dass das Ziel des Wohlergehens der Menschen genau denselben Stellenwert hätte wie die Ansammlung von Gütern und die finanzielle Absicherung.

Logik wäre gepaart mit Empathie und Intuition und Kriege gehörten der Vergangenheit an, weil plötzlich das

Gemeinschaftsgefühl und der Wunsch nach Harmonie mitbestimmend wären.

Dies klingt nach heiler Welt und ist es wohl auch, wenn die Grundvoraussetzungen stimmen. Natürlich sind weibliche Werte nur ein Teil des Problems, jedoch ein sehr großer. Denn wer sich selbst liebt, wird keine Kriege führen müssen. Ist jeder glücklich, was eine Konsequenz der Authentizität ist, wird keine »Leistung« anderer mehr gefordert, um dieses Glück zu erreichen. Jeder ist sich selbst genug.

Für Frauen muss man jedoch sagen, dass ohne diesen Schritt der Aufwertung weiblicher Attribute einfach nichts mehr geht. Frauen stünden in einer Sackgasse.

# Hilfreiches Denken oder verfluchte Logik ...

Nun haben wir seit Jahrhunderten mitverfolgen können, dass alleine die Anordnung bestimmter Verhaltensweisen nicht das eigentliche Ziel erreichen kann.

Würde dies funktionieren, wäre die gesamte christliche Welt zufrieden, glücklich und von Nächstenliebe erfüllt. Doch wie wir sehen, nützt keine Regel etwas, wenn die innere Einstellung nicht stimmt. Würde das Gefühl stimmen, wären die Regeln nämlich überflüssig und die gewünschten Verhaltensweisen eine logische Konsequenz, die jeder automatisch vollziehen würde.

Die Änderung muss in jedem Einzelnen geschehen und Nächstenliebe aus Eigenliebe entwickelt werden.

Doch hier steht uns unser Gehirn im Weg. Um dies zu verstehen, müssen wir uns die Funktionsweise unseres Gehirns hier noch einmal ausführlicher ansehen.

Unser Gehirn trifft tagtäglich hunderte von Entscheidungen, über die wir uns gar nicht im Klaren sind. Dabei gilt eine Regel, die all diesen Entscheidungen zugrunde liegt: Jede Handlung muss sicher und möglichst einfach sein. Unser Gehirn wählt immer den Weg, der den geringsten Aufwand bedeutet. Vermeidung möglicher Gefahren ist generell immer der einfachste Weg, genauso wie das Verbleiben in einer Komfortzone, in der unser Gehirn konstant nur bekannten Gegebenheiten begegnet.

Weiterhin sucht unser Gehirn zuerst immer im Außen nach Lösungen, da alles andere ein zu großer Aufwand wäre. Wir selbst werden erst einmal für gut befunden und das Außen versucht, sich diesem Selbst anzupassen. So ist es zu erklären, dass wir gerne anderen die Schuld an Misserfolgen geben, weil alles andere unser Versagen wäre, das zur Konsequenz hätte, dass wir uns oder unser bekanntes Vorgehen ändern müssten.

Basis für all diese Vorgänge sind die bisher gemachten Erfahrungen, die unser Gehirn abspeichert. Dabei gibt es zwei Möglichkeiten: selbst gemachte Erfahrungen und Erfahrungen anderer, diese jedoch gestuft nach Glaubwürdigkeit, die wiederum nach eigenen Erfahrungen mit dieser Person abgestuft wird.

Nehmen wir hier einmal das Beispiel, dass Feuer zu schmerzhaften Verbrennungen führt. Haben wir uns einmal verbrannt, werden wir sehr vorsichtig sein und einer Flamme weitestgehend aus dem Weg gehen. Hat uns irgendwann einmal jemand erzählt, dass Feuer zu Verbrennungen führt, die schmerzhaft sind, sind wir zur Vorsicht bereit, wenn dieser jemand eine für uns glaubwürdige Person war, wobei im Regelfall die Eltern zu den für uns glaubwürdigsten Personen zählen. Haben uns unsere Eltern jedoch oft aus Übervorsichtigkeit gewarnt und wir wissen, dass die meisten Warnungen überflüssig waren, werden wir dem Feuer trotzdem so lange zu nahe kommen, bis wir eine andere Erfahrung machen.

Die einfachste Methode für unser Gehirn ist es, sich als Warnung vor möglichen Gefahren der Angst zu bedienen, die in unserem Körper erstaunliches bewirkt, denn es gibt kaum einen Bereich, der nicht reagiert. Wir sind spontan aufmerksamer, fluchtbereit und körperlich auf noch einige Dinge mehr eingestellt, die passieren könnten. Vor allen Dingen gehen wir aber vom unterbewussten Handeln ins Bewusstsein über. Wir müssen etwas tun, auf jeden Fall aber entscheiden.

Viele Ängste, die unser Gehirn produziert, sind scheinbar grundlos oder wir können uns zumindest nicht daran erinnern, wann diese Angst begonnen hat. Angst vor Spinnen, Flug- oder Höhenangst oder vielleicht Platzangst plagen uns scheinbar unbegründet, denn sie beeinträchtigt unser Leben, begrenzt uns offenbar unnötig, ohne dass wir auch nur im Geringsten eine Ahnung haben, warum wir so empfinden, obwohl wir doch eigentlich wissen, dass uns gar nichts passieren kann. Doch es hilft nichts zu wissen, dass die Gefahr eines Unfalltodes im Straßenverkehr höher ist als die in einem Flugzeug. Auch die Tatsache, dass Spinnen in unseren Breitengraden selten tödlich sein können und weitaus mehr uns fürchten als wir sie, hilft uns nur wenig, denn unser Gehirn schreit »Angst«.

Wir haben Angst vor Schmerzen, vor dem Tod, vor dem Alleinsein, vor dem Verhungern, vor fehlender Anerkennung, Liebesentzug und so weiter. Und all dies, obwohl offensichtlich nichts davon in unserer Zeit wirklich lebensbedrohlich für uns ist.

Betrachten wir nun diese Fakten über unser Gehirn, die Masse an übernommenen Werten und Glaubenssätzen und zudem unsere eigenen Erfahrungen, könnten wir fast an der Aufgabe verzweifeln, weiblichen Attributen ihren angemessenen Wert zu geben. Denn ein Großteil unserer gespeicherten Werte ist uns noch nicht einmal bewusst oder wir kennen zumindest ihren Ursprung nicht (mehr).

Und eine »Delete«-Taste wie bei einem Computer existiert für unser Gehirn nun einmal nicht.

Es bleibt uns also nichts anderes übrig, als alle uns zur Verfügung stehenden Mittel zu nutzen, um unsere Werte einen nach dem anderen zu hinterfragen, in unserem bisherigen Leben nach der Ursache für diese Bewertung zu suchen, uns unsere Ängste bewusst zu machen und alles einmal neu zu definieren.

Um noch einmal zu verdeutlichen, wie weitreichend der Einfluss unseres Gehirns ist, hier ein Beispiel:

Die Geburt eines Kindes war extrem schwierig und es kam, als das Kind sich im Geburtskanal befand, eine Phase, in der nichts mehr passierte. Das Kind schien festzustecken und konnte nur mit Mühe von den Ärzten gehört werden. Dieses Kind erlebte also eine lebensbedrohliche Situation, in der die eigene Angst durch die Angst der Mutter noch gesteigert wurde.

In der Kindheit spielt dieses Kind dann einmal mit anderen in der Nähe eines Schachtes und fällt hinein. Zwar ist der Schacht nicht tief und die anderen sind da, jedoch kann es sich nicht selbst befreien und es muss Hilfe geholt werden.

Jahre später, als dieses Kind schon erwachsen ist, begibt es sich in eine Therapie, weil es Angst vor Fahrstühlen hat und immer die Treppe nimmt. Sobald dieser Erwachsene nun vor einer Aufzugtür steht, bricht der kalte Schweiß aus und der Körper beginnt unkontrolliert zu zittern.

Das Gehirn verbindet seit den Vorfällen in der Kindheit enge, geschlossene Räume mit einer Bedrohung des Lebens und ignoriert einfach alle Logik und jedes Wissen und entscheidet, alle nur möglichen Register zu ziehen, um »seinen« Menschen davon abzuhalten, wieder in so eine Situation zu geraten. Es gibt eine Vielzahl an körperlichen Reaktionen in Auftrag, damit der Mensch auch ja nicht das tun kann, wozu er sich gerade entschieden hat, nämlich in den Aufzug zu steigen.

Keine noch so gute Begründung und Statistik kann dafür sorgen, dass diese Angst aufhört. Rational zu begreifen erscheint auch unmöglich, denn die Ängste bei der Geburt hat der Erwachsene keine Erinnerung mehr und der Schacht scheint lange vergessen. Ihm fehlt jede Erklärung dafür, trotzdem reagiert das Gehirn und ignoriert den bewussten Auftrag des Menschen, entscheidet für ihn und lässt den Körper entsprechend reagieren.

Und unser Gehirn reagiert so tagtäglich bei einer Vielzahl von Dingen. Glaubenssätze und Werte werden in jeder Sekunde mit diversen Aufträgen an den Körper umgesetzt.

Ein weiteres beeindruckendes Beispiel ist das eines Jungen, der bei Echsen immer wieder beobachtete, dass ihr Schwanz bei Verlust nachwächst. Für ihn war es das normalste der Welt, dass abgetrennte Extremitäten einfach nachwachsen. Als er selbst eine Fingerkuppe verlor, war für ihn klar, dass diese nachwachsen würde, was sie dann auch tat.

Unser Gehirn entscheidet also, was möglich und was unmöglich ist. Der Satz »Glaube versetzt Berge« ist also weitaus mehr als ein einfaches Sprichwort. Ändern wir also unsere Glaubenssätze, ändern wir uns selbst in allen Bereichen.

Da wir uns in diesem Buch aber nicht mit allen Werten und Glaubenssätzen befassen, sondern nur die eindeutig weiblichen Attribute auf ihren Wert hin überprüfen wollen, haben wir gute Ansatzpunkte.

## Weibliche Vorbilder

Zu Anfang ist es wichtig, dass wir sehr klar und möglichst objektiv die wichtigen weiblichen Personen in unserem Leben, vor allen Dingen in der Kindheit, analysieren. Dies werden in den meisten Fällen Mutter und Großmutter (gewesen) sein.

Wie haben diese gelebt? Waren sie berufstätig? Wie war das Verhältnis zu Männern und wie ihre Beziehungen? Haben sie sich unterlegen gefühlt, benachteiligt oder gar abhängig? War die Partnerschaft gleichberechtigt oder hatte der Mann »das Sagen«? Und wie haben sie sich in unserer Gegenwart über den Vater oder andere Männer geäußert?

Da im Regelfall unsere Mutter unsere wichtigste Bezugsperson ist, der wir auch ein hohes Maß an Glaubwürdigkeit als Kleinkind beimessen, können wir davon ausgehen, dass die in diesem Zusammenhang vermittelten Werte für unser Gehirn der Wahrheit entsprechen. Viele Frauen haben schon die Erfahrung machen müssen, dass sie als Jugendliche und junge Frauen den Vorsatz hatten, nie so zu werden wie ihre Mutter, dann aber mit den Jahren doch immer mehr genau so geworden sind. Nicht ohne Grund sagt der Volksmund, dass ein Mann sich die Mutter anschauen sollte, bevor er eine Frau heiratet.

Die Ursache hierfür ist eine ganz einfache: Was unterbewusst in uns wirkt und von unserem Gehirn beschlossen und geglaubt wird, realisiert sich auch in unserem

Leben, gleichgültig, ob wir bewusst eine andere Entscheidung treffen. Unser Gehirn weiß es eben einfach immer besser und hat die Vollmacht von uns, ohne unsere bewusste Entscheidung zu reagieren.

Bringen wir nun unterbewusste Abläufe in unser Bewusstsein, können wir lenkend eingreifen. Außerdem wirkt das Resonanzgesetz, das kein »nicht« kennt. Schicken wir Energie durch Aufmerksamkeit auf eine Sache, wird sie uns gespiegelt werden. Dies bedeutet, dass genau das, was wir NICHT werden wollen, sich realisiert. Denn die Energie wird auf das »Werden wie die Mutter« gerichtet. Einzig und allein die Konzentration darauf, wie wir sein wollen, kann daran etwas ändern.

Es ist auch durchaus möglich - wenn auch nicht die Regel -, dass der Vater die entscheidende Rolle in der Kindheit in Bezug auf dieses Thema übernommen hat. Hat dieser Extreme gelebt, die für die Familie bedrohlich erschienen, kann die Konzentration des Kindes sich in seiner Entwicklung auch durchaus darauf richten, nicht so zu werden wie der Vater oder einen Partner im Leben zu finden, der nicht so ist wie dieser.

Setzt ein Kind einen Vater mit allen Männern gleich und war dieser Vater ein »Anti-Vorbild«, weil sein Verhalten nicht funktionierte und die Familie in irgendeiner Form für das Kind bedrohte, wird es wahrscheinlich weniger die Mutter kopieren, als die Eigenschaften des Vaters vermeiden.

## Spiegel im derzeitigen Leben

Einen weiteren Hinweis kann uns unser Körper liefern, denn bestehende Erkrankungen oder körperliche Probleme deuten, wie beschrieben, auf eine Blockade der Chakren hin. Haben wir zum Beispiel Schnupfen, also »die Nase voll«, überfordert uns eine Situation. Oder uns »schlägt etwas auf den Magen«. Viele altbekannte Ausdrucksweisen benennen das eigentliche Problem schon sehr gut.

Bevor wir also zu irgendeiner Pille greifen, die die Symptome beseitigt, die uns gerade stören, sollten wir uns vorher einmal fragen, was derzeit das größte Unbehagen in unserem Leben verursacht und woher es kommen könnte.

Aber auch Situationen und Menschen sind hervorragende Spiegel. Falls Sie ein Kind haben, wird dieses Ihnen als Elternteil hervorragend spiegeln, wie sie selbst sind. Denn Kinder haben die Eigenschaft, das von Eltern zu kopieren, was scheinbar gut funktioniert, und Extreme durch das gegenteilige Verhalten auszugleichen. Kinder liefern bei näherer Betrachtung also wichtige Hinweise darauf, wie wir unsere weiblichen Werte leben.

Ebenso können andere Menschen als Spiegel dienen, denn wir werden in unserem Leben immer wieder mit denen konfrontiert, die uns antriggern. Meist gibt es eine Situation in unserer Kindheit, die wir nie aus Sicht der erwachsenen Person betrachtet haben, die uns aber immer noch belastet und endlich verarbeitet und losgelassen werden will.

Ein Mädchen, das zum Beispiel in der Kindheit immer wieder mit der Tatsache konfrontiert worden ist, dass sie unerwünscht war, weil eigentlich ein Sohn erhofft wurde, wird nur selten in ihrer weiteren Entwicklung stolz darauf sein, eine Frau zu sein. Doch wird sie immer wieder Männern begegnen, die das weibliche Geschlecht nicht wertschätzen und unter deren Einstellung sie leidet. Diese Männer sind ein Spiegel ihrer inneren Einstellung und Glaubenssätze und bieten die Möglichkeit, als erwachsene Frau zu erkennen, dass weibliche Attribute genauso wertvoll sind wie männliche, sie ergo stolz darauf sein kann, eine Frau zu sein, ihre Eltern jedoch einen Wunsch hatten und enttäuscht wurden, was keinesfalls etwas mit ihrer Wertigkeit als Frau zu tun hat.

Aber auch Situationen, die in unserem Leben immer wiederkehren, sind ein Zeichen dafür, dass es etwas gibt, das noch verarbeitet und losgelassen werden muss beziehungsweise einer neuen Betrachtung bedarf. Ebenso wie Menschen spiegeln sie uns unsere inneren Glaubenssätze wieder.

## Opferhaltung

Gerade Frauen verfallen gerne in eine Opferhaltung, denn ihnen wurde seit frühester Kindheit immer wieder eingetrichtert, dass sie das »schwache Geschlecht« seien.

Wie oft sagen wir: »Der/Die hat Schuld«? Wir kennen dafür eine Vielzahl anderer Ausdrucksweisen. »Ich kann nichts dafür!«, »Der/Die hat mich verletzt!«, »Das liegt nicht an mir!«

Wenn wir bewusst auf unsere Sprache achten, werden wir feststellen, dass unser Gehirn ganze Arbeit leistet, wenn es darum geht, Verantwortung abzugeben. Denn genau das tun wir: Wir geben die Verantwortung für unser Leben ab! Einfach weil es einfach ist.

Beginnen wir damit, die Verantwortung zu übernehmen und nicht mehr alles auf fehlende Gleichberechtigung zu schieben, können wir erkennen, wo uns Situationen spiegeln, dass unsere weiblichen Attribute nicht von uns genügend wertgeschätzt werden.

Sind wir wieder mal bei einer Beförderung übergangen worden und wurde die Stelle an einen Mann vergeben? Trauen wir uns doch einfach mal, dies nicht auf fehlende Gleichberechtigung zu schieben, sondern darauf, dass wir selbst weibliche Attribute nicht genug wertschätzen und wir dadurch die Verantwortung für dieses Ereignis in unserem Leben tragen.

Gerade für Frauen ist es von enormer Bedeutung zu erkennen, dass sie keine Opfer sind. Dadurch, dass sie in vielen Kulturen weiterhin unterdrückt werden und auch in unseren Breitengraden noch nicht voll gleichberechtigt sind, ist das globale Bewusstsein eher ein negatives. Die Erkenntnis, dass jede Frau genauso wie jeder Mann Schöpfer ihrer eigenen Welt ist, lässt sie aus der Opferrolle treten und aktiv in die Gestaltung der Realität eingreifen.

Nur wenn sich das Bewusstsein ändert und die »Schuld« bei den eigenen Glaubenssätzen gesucht wird, kann sich auch die Realität verändern. Was wir energetisch erschaffen, kann sich auch materialisieren.

Diese Vorgehensweise ist unbequem, aber das ist ein ständiger Kampf gegen Männer auch. Dafür ist der Erfolg dieser Vorgehensweise jedoch sicher.

## Werte-Aufwertung

Wenn wir selbst feststellen, welche weiblichen Attribute bei uns ausgeprägt sind, welche wir einfach nur versuchen zu unterdrücken und welche Möglichkeiten uns unter Einbeziehung typisch weiblicher Merkmale zur Verfügung stehen, können wir diese Dinge wie einen Werkzeugkoffer bei uns tragen.

Es geht darum, Attribute, die bisher als negativ eingeschätzt wurden, nun mit positiven Erfahrungen aufzuwerten. Hat zum Beispiel bisher in unserem Leben nur Logik gezählt, können wir nun beginnen, unsere Intuition zu nutzen.

Wir haben gelernt, dass nur harte Fakten zählen, unser Bauchgefühl sowieso ein Betrüger ist. Fangen wir vorsichtig an – unser Gehirn soll ja nicht gleich einer Schocktherapie unterzogen werden – unser Bauchgefühl zu befragen, wenn es um Entscheidungen geht, bei denen bisher nur Objektivität und Logik zählten. Dabei ist es aber wichtig, zwischen Gefühl und Kopf gut zu unterscheiden, denn unser Gehirn mischt sich anfangs sehr gerne ein.

Sehen wir zu Beginn nur unser Bauchgefühl bestätigt, können wir mit der Zeit mutiger werden und ihm vertrauen, auch gegen unsere Logik. Und mit zunehmendem Erfolg wird unser Gehirn immer mehr vom Wert der weiblichen Intuition überzeugt werden. Es bedarf nur eines mutigen Anfangs!

Es geht dabei jedoch nicht darum, nur noch die weiblichen Attribute aufzuwerten, denn wir wissen um die Ganzheitlichkeit. Und auch, wenn am Anfang die Versuchung groß ist, das weibliche Attribut gegen das männliche zu tauschen, sollten wir viel Wert darauf legen, eine Einteilung in Schwarz und Weiß, in gut und böse vorzunehmen.

Wer auf seine Intuition hört, braucht auf Logik nicht zwangsläufig zu verzichten. Beides ergänzt sich hervorragend und trägt zu einem umfassenden Bild bei.

Wir sollten also immer darauf achten, dass unser Ziel darin besteht, den Wert der weiblichen Attribute an den der männlichen anzugleichen. Verfallen wir in alte Denkweisen und suchen wieder eine Vorgabe, wie wir zu sein haben, damit wir anerkannt werden, wird das Ergebnis ein ebenso altbekanntes sein.

Es geht hier darum, in vollkommener Ehrlichkeit zu sich selbst vorhandene weibliche Attribute zu erkennen, sie vollkommen wertfrei anzunehmen und dann in ihrer Wertigkeit zu steigern, damit sie ins alltägliche Leben implementiert werden können.

## Beziehung zum Selbst

Gerade, wenn es um weibliche Attribute geht, kommen wir nicht umhin, unseren Kopf zum Schweigen zu verdonnern, um unsere innere Stimme wahrnehmen zu können. Nur, wenn wir in der Lage sind, in uns hinein zu fühlen und die Wahrheit über uns zu akzeptieren, können wir eine Beziehung zu uns aufbauen und uns so lieben lernen, wie wir sind.

Verständlicherweise haben viele Frauen Angst vor diesem Prozess, denn sie befürchten, dass ihre weiblichen Eigenschaften und Wünsche sie schwach und angreifbar machen würden. Hier hilft es nur, die Bedenken des Kopfes wahrzunehmen, sich klar zu machen, dass nur angreifbar ist, wer von außen etwas erwartet, was er sich aus Bequemlichkeit nicht selbst zu geben bereit ist. Ein authentischer, ausgeglichener Mensch, der sich liebt, wird von außen nichts erwarten, denn er ist mit sich selbst glücklich.

Es ist wichtig, dass wir uns selbst kennenlernen wie einen neuen, interessanten Menschen. Jede neu entdeckte Eigenschaft ist positiv und kann genutzt werden, denn nichts ist nur schlecht.

In der Psychologie redet man von Zwillingseigenschaften, mit denen man aufzeigen kann, dass jede Eigenschaft sowohl positive als auch negative Seiten hat. So ist die Zwillingseigenschaft von Neugierde zum Beispiel das Desinteresse. Ein neugieriger Mensch mischt sich vielleicht in Dinge ein, die ihn nichts angehen, doch einen desinteressierten würden wir uns genauso wenig in unserem Freundeskreis wünschen. Und Neugierde zeugt von Interesse, was auch durchaus positiv sein kann.

Auf diese Art können wir jede neu entdeckte weibliche Eigenschaft an uns auch betrachten und werden uns immer besser kennenlernen.

Eine positive Beziehung zum eigenen Selbst ist die Grundlage aller Veränderungen, denn ohne sie können weibliche Attribute nie eine Aufwertung erfahren. Doch dieses Selbst findet seinen Raum nur in der absoluten Stille, wo äußere Einflüsse keine Rolle spielen.

Am Anfang ist es hilfreich, Verabredungen mit sich selbst einzuplanen. So, wie wir für einen Freund Zeit haben, um ihm bei einem Problem zuzuhören, sollten wir auch Raum für unsere Seele schaffen. Indem wir in uns hineinfühlen, Schmerzen lokalisieren, Unwohlsein nicht nur körperlicher Art wahrnehmen, lernen wir uns besser kennen.

Unser Gehirn, das wir bisher für unser Selbst gehalten haben, hat ein leichtes Spiel, da es unsere Körperfunktionen steuert und zudem in klaren Sätzen mit uns redet. All dies müssen wir beim Aufbau einer Beziehung zu unserem Selbst vergessen und auf Bilder und Gefühle vertrauen, die bei diesen Treffen auftauchen.

### Anforderungen von außen

Ein weiteres Mittel, unsere weiblichen Attribute aufzuwerten, ist es, die Anforderungen, die tagtäglich von außen auf uns einwirken, zu analysieren und darüber zu entscheiden.

Die meisten Menschen wachsen in der Gewissheit auf, dass Liebe als Belohnung für Wohlverhalten gewährt wird. Hinzu kommt, dass wir von Geburt an Liebe als Sicherheit für das Überleben ansehen. Somit hängt unser Überleben für unser Gehirn von unserem eigenen guten Benehmen ab. Wir wollen also die Anforderungen von anderen Menschen an uns so gut es geht erfüllen, weil unser Gehirn – beim Einen mehr, beim Anderen weniger – sonst Amok läuft.

Fordert jemand von uns, logisch zu denken und nicht immer so gefühlsbetont zu sein, dürfen wir uns klarmachen, dass logisches Denken vollkommen überbewertet ist, wir nicht sterben werden, wenn diese Person nur ihren Kopf schüttelt und in abfälliger Weise über uns redet, weil wir einmal mehr auf unsere Intuition hören.

Es ist wichtig, sich klarzumachen, wie viele Dinge wir tagtäglich nur tun, weil sie von uns erwartet werden und wo wir uns verstellen, in anerkannt männlicher Manier handeln, obwohl dies unserem Wesen eigentlich widerspricht, und eigentlich zu unserem eigenen Glück ganz anders sein müssten.

Möchten wir etwas ändern und weibliche Attribute mehr leben, müssen wir uns eine stabile, unerschütterliche Basis anschaffen. Dies erfordert Selbstreflexion und Zeit. In der um uns herum herrschenden Hektik ist genau dies ein Schwachpunkt, denn wir denken von Zeit, dass wir immer zu wenig davon haben. Nun ist es aber erforderlich, sich mindestens einmal am Tag hinzusetzen und zu reflektieren, wo wir in den vergangenen Stunden vielleicht etwas getan haben, was wir lieber nicht hätten tun sollen, wo wir uns nicht wohlgefühlt haben, weil wir es nur getan haben, weil ein anderer dies von uns erwartet hat, oder wo wir gegen unsere innere Stimme gehandelt haben, weil eine andere Person uns sonst nicht mehr gemocht hätte.

Die Möglichkeiten sind hier schier unermesslich und wir werden sehr schnell feststellen, dass der Satz unserer Eltern »Das macht man aber nicht« immer noch ein großes Gewicht in unserem Leben hat.

Auch hier kann es helfen, sich zu verdeutlichen, dass man in keiner Situation wirklich bedroht ist und das Leben als solches abgesichert ist. Wer uns liebt, wird uns auch noch dann lieben, wenn wir nicht seinen Wünschen entsprechen.

## Verhaltensänderung

Beim typisch weiblichen Verhalten ist es wie mit einem Kind, das sich weigert, ein neues Gericht zu probieren. Wir versuchen es erst gar nicht, weil wir ja schon vorher wissen, dass es nicht funktionieren wird, obwohl wir es noch gar nicht ausprobiert haben.

Und wie bei diesem Kind kann es gut sein, dass das Probieren dazu führt, dass es unsere nächste bevorzugte Verhaltensweise wird.

Haben wir zum Beispiel bisher immer unsere Emotionen im Beruf ausgeschaltet, kann es sein, dass der Versuch, Harmonie und Mitgefühl bei Kollegen und »Untergebenen« zu zeigen, zu einer äußerst produktiven Arbeitsatmosphäre führt, die keiner mehr missen möchte.

In dem Bewusstsein der weiblichen Attribute können diese nun überall einmal ausprobiert werden, wobei es wichtig bleibt zu beachten, dass dies in einer Ausgewogenheit zu den männlichen Eigenschaften geschieht. Denn nur das große Ganze macht daraus eine runde Sache.

Jahrelang einstudierte und geübte Verhaltensweisen sind von unserem Gehirn geliebte Vorgänge, denn Altbekanntes, das funktioniert, gehört zur Komfortzone, die wir nur sehr ungern verlassen. Und so ist es nicht weiter verwunderlich, wenn wir am Anfang geplagt werden von Zweifeln und Angst, was die anderen wohl dazu sagen werden und was wir im Falle eines Misserfolgs nur tun werden.

Auch das ist für unser Gehirn vollkommen normal, denn es will am liebsten jede Situation für uns rundherum absichern und so überprüft es sofort und schreit »Warnung«, weil es die Wirkung der neuen Verhaltensweise nicht abschätzen kann.

Auch hier hilft es, sich zu verdeutlichen, dass im schlimmsten Fall das neue Verhalten nicht akzeptiert wird, im besten allerdings eine große Änderung zum Positiven eintritt.

## Körperbewusstsein

Zu guter Letzt ist es wichtig, weibliche Attribute am Körper genau so anzunehmen, wie sie sind. Hierbei geht es nicht darum, ein künstliches DD zu erzeugen, um Anerkennung als Frau zu erhalten. Es geht darum, dass weibliche Rundungen eine Auszeichnung sind und mit Stolz getragen werden dürfen.

Viele Frauen versuchen, sich dem vorherrschenden Schönheitsideal anzupassen. Werbung, Magazine und diverse Shows zeigen uns ein abstruses Idealbild einer Frau, dem kaum jemand gerecht werden kann. Und weil eben nur wenige in eine Größe 34 passen, glauben sie, nicht schön genug zu sein. Doch jede Frau ist schön, egal, wo sie wie gerundet ist. Ihr Körper ist Ausdruck ihres weiblichen Selbst.

In südlicheren Ländern betonen Frauen auch im Berufsleben ihre typisch weiblichen körperlichen Merkmale. Begeben wir uns zum Beispiel nach Frankreich, werden wir vorherrschend Frauen in Büros finden, die sich stilvoller Kleidung bedienen, die ihre weiblichen Merkmale betont. Über dem Knie endende Röcke, taillierte Blazer und Dekolleté betonende Ausschnitte sind hier an der Tagesordnung, trotzdem ist hier sexuelle Belästigung am Arbeitsplatz kein größeres Thema als im deutschsprachigen Raum und keiner würde diesen Frauen unterstellen, dass sie ihren Körper anstelle ihres Könnens einsetzen.

Wir dürfen mit Recht stolz auf unsere Weiblichkeit sein und sind nicht dazu verpflichtet, uns der männlichen Kleidung anzupassen. Es geht hier, wie gesagt, ausschließlich darum, den weiblichen Körper wertzuschätzen, keinesfalls jedoch darum, weibliche Körperteile zu betonen, um das Objekt sexueller Begierde zu werden. Denn hierbei ginge es wieder um Macht und Anerkennen, die ein Zeichen dafür sind, dass es an Eigenliebe mangelt und dies von außen ausgeglichen werden soll.

Die Annahme des eigenen Körpers ist auch ein wesentlicher Schritt zur Eigenliebe, die das ausdrücklich erklärte Ziel sein sollte. Unser Körper gehört genauso zu uns wie unsere Gedanken, unsere Charaktereigenschaften, unsere Stärken und Schwächen und unsere Gefühle. Entspricht dieser Körper nicht einem gängigen Schönheitsideal - das nebenbei erwähnt weniger als fünf Prozent der Bevölkerung in seiner Komplexität erfüllen und das ständigen Änderungen unterworfen ist, die niemand in der Lage ist, auf Dauer nachzuvollziehen – ist dies völlig normal und gut, denn unser Körper spiegelt unser Wesen wider.

Führen Sie sich immer vor Augen, dass die Anforderungen von außen völlig unrealistisch sind, heute kurze Haare modern sind und morgen Haare bis zur Hüfte gefordert werden, was auch Supermodels nur künstlich erfüllen können.

Ihr Ziel ist es, unabhängig von der Meinung anderer zu werden, sich selbst zu anzunehmen, wie Sie sind und ihren Körper als das Wunder zu betrachten, das er in Wirklichkeit ist.

Wenn wir auch nur zu gerne bereit sind, die fünf Kilo, die wir zu viel auf den Rippen haben, dafür verantwortlich zu machen, dass wir den tollen Typen von nebenan nicht zu einem Date überreden können, ist es doch so, dass wir auch damit lediglich eine Ausrede für uns erschaffen und uns zum Opfer der Umstände - in diesem Fall unseres Körpers - zu machen.

Unser Gehirn steuert unseren Körper und für alles, was wir an unserem Körper bemängeln mögen, gibt es einen triftigen Grund. Es liegt an uns, diesen herauszufinden und ihn gegebenenfalls zu beseitigen.

Wie gesagt, sind all diese Möglichkeiten nur Ansatzpunkte, die beliebig erweitert werden können. Jedes hier genannte Thema ist es wert, ein komplettes Buch darüber zu verfassen und ist in seiner Relevanz für den Einzelnen sehr unterschiedlich.

Dennoch liefern sie erste Hinweise und Möglichkeiten, sich den eigenen Werten, seien sie unbewusst vorhanden oder bewusst gelebt, anzunähern und erste Änderungen herbeizuführen.

## Hohler Körper oder erfüllter Geist ...

Scheinbar wenig Probleme mit Weiblichkeit haben die Frauen, die uns immer wieder in der Yellow Press begegnen. Dort tummeln sich Frauen, die ihre körperlichen weiblichen Attribute bestens hervorzuheben wissen und dies auch gerne zeigen und nutzen. Doch auch bei den Männern sind schöne Körper gefragt wie nie. Jugend und Schönheit scheinen heute die Werte zu sein, die mit aller Macht gezeigt und erhalten werden müssen, auch wenn die Ergebnisse mancher Operationen am geltenden Schönheitsideal Zweifel aufkommen lassen.

Der Druck, der insbesondere auf Frauen lastet, ist immens. Auch wenn viele Männer bestätigen, dass das geltende Schönheitsideal für sie wenig attraktiv ist, so geben nur die wenigsten zu, von einer Frau angezogen zu werden, die mollig bis dick ist, denn eine den Schönheitsidealen entsprechende Frau ist ein Statussymbol.

Wir sind gerne bereit, einen 80-jährigen, faltigen und übergewichtigen Multimillionär mit einem 20-jährigen Model an seiner Seite zu akzeptieren, finden aber eine etwas rundliche, intelligente Frau an der Seite eines Hollywoodstars »unter seiner Würde«.

Warum ist das so? Nun, der Jäger hat reiche Beute und sollte sich somit die beste Belohnung aussuchen. Und emotionale Intelligenz, Wärme und Sozialkompetenz sind eben keine Werte, die von Belang sind.

Leider ist es nämlich so, dass nicht nur die Wertigkeit weiblicher Attribute völlig abgesunken ist. Was im Innenleben nie beachtet worden ist, weil es bei der Erreichung materieller Werte wenig dienlich war, drängt nun nach außen. Das Leben sucht sich immer einen Ausgleich, in welcher Form auch immer, und so führt die Missachtung des Energiekörpers zur Überbewertung des physischen.

Außerdem gibt es da ja noch immer unser Gehirn, das scheinbar in bestimmten Bereichen einfach nicht aus der Steinzeit in die Moderne kommen will, sodass unser Fortpflanzungstrieb weiterhin in gleicher Form vorhanden ist und unser Sexleben bestimmt. Immer noch finden wir am jeweils anderen Geschlecht genau das attraktiv, was uns in der Steinzeit das Überleben gesichert hat. Ein Mann mit einem Sixpack, breiten Schultern und einer schmalen Hüfte kann mit Sicherheit gut kämpfen und schnell rennen, während eine Frau mit breitem Po und großen Brüsten bestimmt hervorragend Kinder gebären und nähren kann. Was im Übrigen auch einen Teil des Jugend-Wahns erklärt...

Eine Frau in der heutigen Zeit ist also geprägt durch eine Kindheit, in der Liebe für Leistung gewährt wurde, alle sich um sie scharten, wenn sie niedlich war und ihr Prinzessinnen-Geschichten vorgelesen wurden. Nebenher hat sie seit ihrer Kindheit gesehen, dass die glückliche, perfekte Frau immer schön, schlank und jung ist.

Obwohl kaum eine Frau tief in sich drinnen die romantischen Vorstellungen über den Prinzen auf dem weißen Pferd und der verklärten, romantischen Liebe aufgegeben hat - was den riesigen Absatzmarkt von Schnulzen verschiedenster Couleur in Form von Büchern und Filmen erklärt -, entscheiden sich aufgrund ihrer Erfahrungen im Laufe ihrer Kindheit und Jugend die meisten dafür, ihr

Schicksal doch lieber in die eigenen Hände zu nehmen. Über den weiteren Weg entscheidet die bisherige Erfolgsbilanz.

Während wir über die Frau in der Arbeitswelt schon geredet haben, fehlt uns noch die, die anscheinend alles hat: einen reichen Mann, ein tolles Aussehen und Anerkennung.

Mehr unbewusst als bewusst lernen Frauen den Weg im Leben, der für sie am erfolgversprechendsten ist. Dabei gilt in allen Bereichen und sowohl für Männer als auch für Frauen, dass Macht alles im Leben ist. Unter diesen Begriff fällt nicht nur eine Position, die es erlaubt, über andere zu bestimmen, sondern auch die finanzielle Sicherheit, die eine scheinbare Unabhängigkeit garantiert. Auch dies setzt oft nicht eine bewusste Willenserklärung zur Macht hin voraus, sondern liegt getarnt in uns mit Begriffen wie »Sicherheit im Alter«, »Zielstrebigkeit« und »Willensstärke« verborgen.

Sucht eine Frau sich ihren Weg zur Macht, ist ein durchaus gangbarer und der wahrscheinlich älteste Weg der, diese über einen Mann zu erreichen oder durch eine Attraktivität, die ihr Aufmerksamkeit zusichert. Mit den nötigen finanziellen Mitteln lassen sich die entscheidenden körperlichen Attribute dahingehend verändern, dass diese Aufmerksamkeit fast schon unausweichlich erscheint. Die stetig wachsende Zahl an Brustvergrößerungen und die selten zu verbergenden Botox-Anwendungen bei Lippen sprechen da eine eigene Sprache. Rippenentfernungen, Fettaufpolsterungen am Po und diverse andere Operationen helfen, aus einem Normalkörper eine Wunderwaffe auf dem Weg zur Macht zu machen.

Leider können wir gleichermaßen beobachten, dass viele Frauen bis hin zu Selbstmordgedanken unter ihrem Körper leiden, wenn dieser nicht von der Natur so gestaltet wurde, dass sie unter die Kategorie »attraktiv« fallen.

Während nur ein geringer Teil der Frauen mit Modelmaßen, Körbchengröße DD, einem traumhaft weiblichen Körper ausgestattet sind oder alternativ sich in Führungspositionen behaupten können, ist die breite Masse unglücklich in ihrem Normalkörper, ihrem normalen Beruf oder ihrer Funktion als Mutter. Diesen so »normalen« Frauen wird von allen Seiten vermittelt, dass sie eben alles andere als normal sind. Sie können gar nicht glücklich sein, weil sie in keinem Bereich einem Ideal entsprechen. Nur verschweigt man, dass auch diese Ideale meistens alles andere als glücklich sind und nur einen verschwindend geringen Anteil der Frauen dieser Welt ausmachen. Keiner lehrt eine Frau, dass ihr Körper zwar wichtig ist, ihre inneren Werte jedoch mindestens genauso. Im Gegenteil: Der Satz »Auf die inneren Werte kommt es an« verkommt immer mehr zu einem Trostpflaster, an das sowieso keiner glaubt.

Der Körperkult ist ein Zeichen unserer Zeit, eine logische Entwicklung, weil uns eine solche im energetischen Bereich versagt worden ist und einen Wert eben nur das hat, was man anfassen kann. Doch heißt dies nicht, dass ein nach den festgelegten Normen schöner Mensch auch glücklicher ist. Denn Selbstbewusstsein ist, wie wir bereits festgestellt haben, kein adäquater Ersatz für Eigenliebe. Zwar können wir versuchen, einen inneren Mangel durch Äußerlichkeiten auszugleichen, befriedigen wird uns dies aber nur eine kurze Zeit.

Zwei Beispiele:

Die als Sexsymbol geltende Marilyn Monroe war ein gefeierter Star und wurde mit Sicherheit von fast allen Frauen ihrer Zeit beneidet. Männer lagen ihr zu Füßen und auch der finanzielle Erfolg blieb nicht aus. Doch glücklich war diese Frau mit Sicherheit nicht.

Anna Nicole Smith, die durch Operationen einen bewunderten Traumkörper erhielt, konnte ihr Leben am Ende nur mit Betäubung ertragen und das, obwohl sie dem Anschein nach alles hatte, was die breite Masse erreichen will.

Wie in allen Bereichen unseres Lebens gilt es, sich selbst in Gänze anzunehmen und zu lieben. Es wird uns nicht helfen, wenn wir unseren Körper immer wieder verändern und den aktuellsten Trends anpassen, wenn wir nicht in uns selbst ruhen, uns annehmen und lieben.

Ganz davon abgesehen, dass die Entwicklungen derartig rasant sind, dass es fast schon ein Fulltime-Job ist, nicht aus der Mode zu kommen, und nur die wenigsten in der Lage sind, hierfür genug Zeit aufzubringen.

Obwohl es in Zeiten der Vlogger immer einfach wird, immer den neuesten Trends zu folgen und die kleinen Geheimnisse und Kniffe von Schönheit zu ergründen, wäre es wünschenswert, dass Frauen sich einmal die Videos ansehen, die ihnen erklären, warum weibliche Attribute in dieser Welt so wichtig wären, anstatt immer neue Methoden zu erlernen, wie sie sich durch Make-up Neuheiten weiter maskieren können.

# Geld oder Liebe ...

Herauszustellen ist in jedem Fall noch einmal, dass nur - wie bei Yin und Yang - die Einbeziehung aller vorhandenen Attribute ein großes, rundes Ganzes entstehen lässt. Das heißt keinesfalls, dass das Leben fortan in Haushalt und Arbeit aufgeteilt werden muss, sondern dass jeder Mensch alle seine Attribute lebt und seine Stärken so einbringt, wie sie vorhanden sind. Wenn eine Frau also keine Kinder möchte und ihre Energie in eine berufliche Tätigkeit, ihre Berufung, stecken will, ist diese nicht weniger weiblich als eine Hausfrau und Mutter. Es kommt lediglich auf das »wie« an. Leben wir in dem Wissen um unser Selbst und leben es authentisch oder verleugnen wir uns und verdrängen unerwünschte Eigenschaften, weil unsere Werte nicht stimmig sind.

Es gibt Frauen in Führungspositionen, die mit Intuition, Empathie und Prozessorientierung sehr authentisch und erfolgreich leben, gleichzeitig aber auch Frauen, die zwar gezwungenermaßen zu Hause sitzen und die Kinder ohne mütterliche Gefühle und ohne große Begeisterung versuchen zu erziehen und sich wundern, wie sich diese dann schlussendlich entwickeln.

Es geht nicht um Rollenverteilung und auch nicht darum, wer die Macht hat, denn Macht ist Angst und Angst das Gegenteil von Liebe. Der Feminismus erscheint oft als anti-männliche Bewegung. Oftmals wird behauptet, dass alles sehr viel besser wäre, wenn Frauen an der Macht wären. Doch wie meistens liegt die Wahrheit in der goldenen Mitte. Nur, wenn sich beide Seiten respektieren und ihren vorhandenen Anteil der »anderen Seite« akzeptieren, wenn sie in dem Bewusstsein leben, dass alle Eigenschaften, weibliche wie männliche, benötigt werden, um in Glück und Frieden zu leben, kann die dringend notwendige Änderung in der Welt geschehen.

Die allumfassende Liebe, das All-Eins, bedeutet, dass jedes Sein Teil des großen Ganzen ist und mit all den vorhandenen Eigenschaften genau so gebraucht wird, wie es ist. Dualität, die uns immer wieder ins Unglück stürzt, kann nur dadurch überwunden werden, dass sich beide Seiten zusammenschließen und in dem Bewusstsein ihrer Einzigartigkeit Teil des Ganzen werden.

Dies ist eine unausweichliche Konsequenz der Eigenliebe, zu der es nun einmal gehört, sich selbst zu erkennen und zu leben. Kompromisslos!

Vorurteile, dass Eigenliebe schlecht ist, sind unbegründet, denn diese ist weder mit Egoismus noch Egozentrik oder Narzissmus gleichzusetzen. Eigenliebe führt dazu, dass Menschen in der Lage sind, ihre emotionalen Bedürfnisse selbst zu erfüllen und in dem Vertrauen leben, dass alles in ihrem Leben einen Sinn macht. Egoismus fordert dies vom Außen.

Eigenliebe führt zu Glück und Authentizität, was jede Form von Krieg und Ausbeutung überflüssig macht. Sie ist die Grundvoraussetzung für bedingungslose Liebe, die nicht fordert oder erwartet, sondern geben kann. Treffen mehrere Menschen mit dieser Eigenschaft aufeinander - kann von ihnen also jeder geben - führt dies zu einer Energieanhebung ungeahnten Ausmaßes. Bestünde die ganze Welt aus ihnen, könnten wir Bewusstseinsstufen erreichen, in denen Leid und Zerstörung gar kein Thema mehr sind.

Aus diesem Grund ist es auch keine Frage, ob wir Geld oder Liebe wählen, es ist kein gangbarer Weg, weiterhin zwischen Gut und Böse und Schwarz und Weiß zu unterscheiden. Wer komplett ist, also sich selbst in der Gesamtheit seiner Eigenschaften annimmt, wird vollständig sein und sowohl das Eine als auch das Andere haben.

Das eigentliche Wunder an der Aufwertung der weiblichen Attribute ist, dass Feminismus überflüssig wird, dadurch dass der Anspruch, dem anderen überlegen zu sein, nichtig wird. Kämpfe werden obsolet und die Erkenntnis, dass nur das Zusammenspiel aller Eigenschaften Perfektion ergibt, führt dazu, dass keiner mehr besser sein muss als der andere.

Wichtig ist jedoch, dass wir uns von der Diskussion entfernen, was Frauen machen dürfen, was Männer machen sollten und welche Quoten erschaffen werden müssen, damit dies passiert. Dies ist das altbekannte System, das bisher wenig funktionierte.

Im Neuen geht es darum, sich weniger auf das Außen als das Innen zu konzentrieren und die Inhalte zu überprüfen. Wir werden nur dann gleichberechtigt sein, wenn die weiblichen Attribute von Frauen UND Männern eine Daseinsberechtigung erhalten und in ihrer Wertigkeit und Wichtigkeit erkannt werden. Denn eigentlich haben wir bisher genau das versucht zu erreichen, was nicht erreicht werden kann, dadurch dass wir den einzigen Unterschied zwischen Männern und Frauen zu übersehen versucht haben: den Körper.

Nun gehen wir endlich an einen Bereich, wo es wirklich keinen Unterschied gibt, nämlich den Energiekörper und die Seele.

# Alle sind gefragt ...

Die Aufgabe, Weiblichkeit in ihrer Wertigkeit deutlich zu steigern, liegt – wie fälschlicherweise oft angenommen wird – aber nicht nur in der Verantwortung der Frauen. Wie schon gesagt, hat auch jeder Mann einen weiblichen Teil, der gelebt und anerkannt werden will.

Unsere Erziehung sieht aber immer noch vor, dass »ein Indianer keinen Schmerz kennt« und Mädchen mit Puppen spielen. Was dem Grunde nach ja auch nichts Schlechtes ist, wenn man andere Wertigkeiten dabei nicht vergessen würde. Denn es ist gut, wenn auch ein Junge seinen Schmerz wahrnimmt und ihm Ausdruck verleiht und man ihm zu verstehen gibt, dass Emotionen ihn nicht gleich zu einem minderwertigen Mann machen werden. Genauso, wie es für Mädchen wichtig ist, dies zu verstehen. Denn auch sie dürfen nicht den Eindruck gewinnen, dass ihre Emotionalität sie in negativer Weise schwach macht.

Bleiben wir bei dem Beispiel »Schmerzen empfinden und ausdrücken«. Bisher lernen die meisten Kinder, dass Weinen ein Ausdruck von psychischem oder physischem Schmerz ist, der uns entweder als zu empfindlich, wehleidig oder nervig abstempelt und eine Schwachstelle offenbart, die uns angreifbar macht. Wir appellieren also an den Überlebenswillen, verbinden Weinen mit unerwünschter Emotionalität und entziehen einem Kind die dringend erforderliche Liebe durch Kritik. Bei Mädchen ist die Gesellschaft noch eher gewillt, Weinen hinzunehmen, aber ein weinender Junge ist eine »Memme« oder ein »Muttersöhnchen«. Auch wenn wir noch so sehr versuchen, uns von dieser Einstellung zu distanzieren, ist sie aufgrund unserer anerzogenen Werte mehr oder weniger in uns vorhanden.

Ein Mann, der seinen Emotionen Ausdruck verleiht, wird von der Mehrheit der Menschen als »Weichei« angesehen, wobei dies inzwischen so extrem ist, dass sich Frauen dies schon wieder wünschen. Denn was gibt es Schöneres, als einen Macho mit Tränen in den Augen. Denn wenn diesem Mann das passiert, müssen seine Emotionen wirklich extrem sein. Wen wundert es da, dass der größte Traum einer Frau bei ihrer Hochzeit der ist, einen vor Rührung über den Anblick seiner Zukünftigen heulenden Macho in der Kirche vor sich zu sehen, während alle anwesenden Männer ihn bedauernd belächeln.

Die Erfahrung vieler Männer ist es heutzutage, dass sie als emotionaler Mann lediglich zum besten Freund, aber nicht Partner taugen. Hochkonjunktur haben jedoch Machos und solche Männer, die für Frauen als unerreichbar gelten. Problem hieran ist, dass die erste Gruppe männliche Attribute weitestgehend unterdrückt, weil dies für sie im Sinne der Emanzipation so sein muss, zweite ein Männerbild vermittelt bekommen hat, das keinerlei weibliche Attribute zulässt und leider auch meistens nicht mit Eigenliebe und daraus folgender Nächstenliebe einhergeht. Im Gegenteil: Diese Gruppe leidet meistens unter zu wenig Eigenliebe, was durch übersteigertes Selbstbewusstsein und ein frauenverachtendes Verhalten scheinbar kompensiert wird. Der Ausdruck von Überlegenheit und die Demonstration von Macht dieser Männer verbunden mit der Weigerung, weibliche Attribute zu leben, zeigen nur zu deutlich, dass hier »wertlose« Eigenschaften massiv unterdrückt werden sollen.

Es liegt also im Aufgabenbereich beider Gruppen, ihr Gleichgewicht und ihre Identität wiederzufinden und authentisch zu werden, jedoch auch bei den Frauen, Raum hierfür zu lassen und die eigenen Motivationen bei einer Partnerwahl zu erkennen.

Für unsere Erziehungsmethoden heißt dies aber nun nicht, dass wir neben die Rennbahn des Jungen eine Puppe setzen müssen und die Puppe des Mädchens in einen Bagger. Individualität darf niemals verloren gehen und wie schon gesagt, sind bei jedem Menschen einzelne Attribute unterschiedlich stark ausgeprägt. Hat ein Kind ein Talent für das Klavierspielen, setzen wir ihm ja auch keinen Malkasten vor die Nase, nur weil alles in den kreativen Bereich fällt.

Für Eltern gilt es, den Freiraum zu erschaffen, dass sich ein Kind entsprechend seiner Anlagen weiterentwickeln kann und dies in dem Wissen tut, dass es gut so ist, wie es eben ist. Wenn ein Mädchen nun kein Interesse an Dekoration, Kochen oder Putzen zeigt, heißt dies noch lange nicht, dass man in Panik verfallen muss, weil die weiblichen Attribute scheinbar nicht vorhanden sind. Vielleicht liegen die Schwerpunkte hier einfach im Bereich der Empathie oder Intuition.

Schaffen wir unsere eigenen Wertvorstellungen ab, können wir unseren Kindern den Freiraum geben, den sie benötigen, um ihre eigene Persönlichkeit mit all ihren Stärken und Schwächen zu leben. Vergessen wir einfach einmal, dass Weinen unmännlich ist und nehmen es als

Ausdruck von Schmerz, also einer Emotion, die völlig legitim ist, ja sogar wichtig, weil nur der Schmerz uns entweder einen körperlichen Mangel anzeigt oder eine Diskrepanz zwischen Körper und Geist.

Geben wir doch einfach die Vorstellung auf, dass Gefühle ein Zeichen von Schwäche sind und nehmen sie als Ausdruck unserer Seele. Lieben wir, was das Zeug hält, und machen uns einmal klar, dass Liebe nur dann wehtut, wenn wir Erwartungen aufgrund fehlender Eigenliebe haben.

Und vor allen Dingen: Hören wir doch endlich auf, Liebe nur für Leistung zu gewähren und beginnen wir, unseren Kindern zu vermitteln, dass sie genau so, wie sie sind, unsere Liebe verdienen.

Wir haben unser Ziel genau dann erreicht, wenn wir uns keine Gedanken mehr darüber machen müssen, ob etwas weiblich oder männlich ist, sondern selbstverständlich davon ausgehen, dass alle in Männern und Frauen vorhandenen Attribute gleichermaßen wichtig sind und gelebt werden müssen, ob nun von einer Frau oder einem Mann. Denn Hauptsache, es ist ein Mensch!

# Zum guten Schluss ...

Es geht nicht darum, eine Schuldfrage zu klären, neue Opfer oder neue Täter zu erschaffen oder einen Machtwechsel herbeizuführen. All dies wäre zu einfach und gehört zu einem Weg, den wir schon lange gehen und der uns stetig und unaufhaltsam ins Verderben führt.

Wir haben im Materiellen einen Fortschritt erreicht, der so immens schnell und unabsehbar passiert ist, dass er noch vor tausend Jahren undenkbar gewesen wäre. Kaum noch etwas ist für uns unvorstellbar, nichts gibt es, das Geheimnisse birgt.

Sehen wir uns den Ist-Zustand an, so werden wir feststellen, dass Kommunikation über den gesamten Erdball hinweg möglich ist, wir alles wissen (können), was sich selbst tausende von Kilometern entfernt ereignet und wir selbst uns innerhalb von 24 Stunden ans andere Ende der Welt begeben können.

Unsere Körper sind sicher wie nie zuvor. Unsere Ernährung ist – oder könnte – ausgewogen sein, der medizinische Fortschritt ermöglicht Heilung, wo noch vor hundert Jahren der sichere Tod eingetreten wäre. Transplantation von Organen, künstliche Gelenke und Maschinen, die temporär Körperfunktionen ersetzen, verlängern unsere Leben. Epidemien sind in Europa weitestgehend ausgerottet, neue Erkrankungen können schnell mit neu entwickelten Medikamenten behandelt werden.

Selbst der Aufbau des Menschen bis in die DNA hinein ist kein Geheimnis mehr. Wenn wir wollten, könnten wir

Menschen künstlich erschaffen. Und was uns nicht gefällt, kann in den meisten Fällen auch in irgendeiner Form zu unserer vollsten Zufriedenheit geändert werden.

Die Kehrseite ist, dass wir vergessen haben, unserem Gehirn mitzuteilen, dass es keine Überlebenskämpfe mehr durchführen muss. Egoismus erreicht immer neue Stufen, Familie wird immer unwichtiger und der Mensch lebt immer mehr für sich alleine. Gemeinschaft hat ihre Bedeutung verloren, das »Wir« ist kaum noch existent und was unbequem ist, möchten wir am liebsten nicht sehen. Alt und gebrechlich führt uns unsere eigene Vergänglichkeit vor Augen und wird gemieden.

Immer vehementer kämpfen wir um ein Überleben, das schon lange gesichert ist, nur dass wir es noch nicht verstanden haben. Kinder sind sich in weiten Teilen selbst überlassen, beschäftigen sich mit Computerspielen und Fernsehprogrammen, die sie immer wieder einer Werbung aussetzen, die ihnen vermittelt, dass nur glücklich ist, wer materielle Werte anhäuft. Shooting-Spiele sind so real, dass sie von der Wirklichkeit kaum zu unterscheiden sind und machen das Gewinnen durch Vernichtung in Blutbädern zum Highlight des Tages. Wer nicht eine Jeans einer bestimmten Marke trägt, gehört nicht dazu.

Die älteren unterwerfen sich einem Modediktat und einem unrealistischen Schönheitsideal, das sie an den Rand der Verzweiflung treibt und nutzen Fernsehshows, um eine Chance zu bekommen, sich von der breiten Masse abzuheben und wenigstens irgendwo einmal hervorzustechen.

Immer mehr wird negative Aufmerksamkeit zur bevorzugten Alternative zur Unbekanntheit und das Wort

»Fremdschämen« gehört schon fast in den Duden. Aber auch das Töten anderer Menschen sorgt für eine negative Aufmerksamkeit, die die Gesellschaft im gleichen Atemzug immer weiter abstumpfen lässt. Wer in die Zeitung will, kann bei einem Amoklauf eben sicher sein, dass er zumindest seine kleine Zeitspanne Ruhm gesichert hat und wenigstens einmal von Bedeutung war.

Kampf in allen Bereichen ist an der Tagesordnung und wenn uns irgendetwas nicht passt, verklagen wir oder schlagen einfach mal eben zu. Anstatt Verständnis und Mitgefühl zu praktizieren, wollen wir lieber vernichten. Und so können wir ignorieren, dass für unseren Luxus an versteckten oder weit entfernten Orten Menschen und Tiere leiden müssen. Denn nur was wir sehen, ist real.

Wir können uns auf die Fahne schreiben, dass wir unabhängig sind, vereinsamen jedoch und führen unser soziales Leben immer mehr über das Internet, denn in einer Gemeinschaft realer Menschen.

Und so ist es kaum verwunderlich, dass auch im Großen die Kriege immer größer werden, in diesen Kriegen auch vor dem Töten von Frauen, Kindern oder allgemein Zivilisten kein Halt mehr gemacht wird. Mehr Kriege als im Moment hat die Welt vorher nie gesehen, niemals in der Geschichte waren einzelne Länder in der Lage, die gesamte Erde mehrfach zu zerstören. Und auch das scheint uns lieber zu sein, als als Verlierer aus einem Krieg hervorzugehen. Besser man vernichtet alles, als dass man selbst nur vor die Hunde geht.

Wir nehmen in Kauf, dass anderen Menschen für uns leiden müssen, rotten Tierarten aus, damit für die kurze Spanne unseres eigenen Lebens keine Einschränkungen hingenommen werden müssen und schaden der Umwelt, als ob wir nächstes Jahr eine neue Erde bekommen würden.

Wir haben gelernt, mit Gleichgültigkeit alles hinzunehmen, was wir nicht sehen wollen, weil es uns vor Augen führen würde, wie egoistisch und wenig liebevoll wir mit der Welt und ihren Bewohnern umgehen.

Als ob dies nicht genug wäre, bekämpfen wir uns gegenseitig, maßen uns an zu beurteilen, wer gut genug ist, mit uns zu leben, und steigern uns immer mehr in den Glauben hinein, dass wir selbst perfekt sind, während alle anderen an unseren Problemen Schuld tragen.

Wir sind der Überzeugung, dass alleine unser Glaube der richtige ist und sind inzwischen dafür bereit, ganze Gruppen und Völker von Andersgläubigen zu ermorden. Hat man keinen anderen Gegner, nimmt man eben ein Mitglied der eigenen Rasse. Aber einen passenden Gegner findet man immer.

Um unsere Vormachtstellung zu demonstrieren, unterdrücken wir und drohen, was das Zeug hält. Einer gibt dem Anderen die Schuld und während unser Leben nur noch darin besteht, möglichst nichts zu verpassen und wir tagtäglich mit Informationen geflutet werden, vergessen wir, dass es uns ja auch noch gibt.

Was sich paradox anhört, ist so wahr wie nie zuvor: Während wir immer egoistischer werden, lässt uns die Beschäftigung mit unserer Außenwelt keine Zeit mehr, uns mit uns selbst zu befassen. Wir nehmen hin, was unser Gehirn uns als einfachsten Weg vorschlägt, reflektieren nicht mehr, was wir selbst verursachen, weil es ja genug andere gibt, denen man mal eben die Schuld geben kann, denn das kostet nur eine Sekunde, die Fehlersuche bei uns selbst aber einen langen Denkprozess, der zudem noch schmerzhaft sein könnte.

Und so sind auch Frauen und Männer genau diesen Weg mitgegangen. Während die Männer versuchten, ihre Macht auszuweiten und zu erhalten, gaben die Frauen den Männern die Schuld an ihrer Situation.

Doch erstens ist die Rolle des Opfers immer die eigene Wahl und zweitens kann man Männern nicht vorwerfen, etwas zu tun, das man selbst im Großen praktiziert, denn auch Frauen sind ein Teil dessen, was hier im Vorangegangenen beschrieben wurde.

Es ist nur eine logische Konsequenz, dass wir unserem altbekannten System versuchen treu zu bleiben und nun einfach die Machtverhältnisse umkehren wollen.

Unsere Entwicklung lässt keine anderen Vorgehensweisen zu und stellen wir uns einmal vor, wie die nächste Steigerung aussehen könnte, wird uns allen bestimmt nicht wohl zumute sein. Doch wir können scheinbar nicht anders und erschaffen noch mehr Regeln, noch mehr Kämpfe und noch mehr Schuldige, weil wir scheinbar die einfachste Lösung nicht sehen wollen: die Erschaffung eines Gleichgewichts.

Der einzige Weg, der uns helfen kann, etwas zu unser aller Wohl zu ändern, ist die Erschaffung eines Ausgleichs. Männliche Werte werden immer dominanter. Nicht, weil Männer immer dominanter werden, sondern weil Frauen ins gleiche Horn blasen. Sie sind nun mal die Vertreter weiblicher Attribute und müssen, wenn sie eine echte Gleichberechtigung erreichen wollen, ihnen selbst einen Wert beimessen.

Wir wollen Frieden, Liebe, Miteinander, Harmonie und Zusammenhalt. Alles das, was typisch war für eine Frau in der Steinzeit. Dort wusste man noch, dass diese Werte genauso von Bedeutung waren wie die der Männer. Alle zusammen ergaben ein perfektes Ganzes. Und wenn wir uns einmal vorstellen, dass diese Wertigkeit auf unseren materiellen Wohlstand von heute trifft, haben wir den Himmel auf Erden.

(Noch einmal: Es geht hier nicht darum, dass nur Frauen ihre weiblichen Wert - und das womöglich noch zu Hause bei den Kindern – leben.)

Befreit von den Sorgen um ein sicheres Zuhause, genügend Nahrung und Gesundheit gehörten Stress und Gewalt der Vergangenheit an. Männer wären frei und müssten nicht immer den »harten Kerl« spielen, sie müssten sich keine Gedanken darum machen, dass ein anderer sie angreift, denn es wäre ja für alle gesorgt. Frauen könnten ihrer Berufung folgen, ohne sich selbst verleugnen zu müssen, und würden frei entscheiden, wie sie ihre Talente einsetzten.

Der Fortschritt, den wir erreicht haben, würde dafür sorgen, dass wir alle ohne großes Dazutun abgesichert wären und komfortabel leben könnten, wenn da nicht unser kleines Gehirn wäre, das immer noch diese Urangst verspürt...

Unsere einzige Chance ist, dass wir unsere energetisch spirituelle Entwicklung der materiellen anpassen, dass weibliche Attribute die Wertigkeit der männlichen erhalten. Entgegen aller Strömungen und angsterfüllten Menschen, die uns daran hindern möchte, weil sie ihre Macht verlören, wenn wir unsere spirituelle Selbstbestimmung entdeckten, bleibt uns allein dieser Weg, um eine bessere Welt zu erschaffen.

Wir müssen anfangen, unsere Ängste als solche zu erkennen, ihre Ursachen zu finden und ihnen dadurch die Kraft zu nehmen. Es ist wichtig, dass wir unseren Energiekörper nicht weiter verleugnen, sondern ihn als gleichwertigen Teil betrachten, der auf einer uns bis dato unbekannten Ebene funktioniert. Wie Kinder, die das Schreiben lernen, müssen wir seine Funktionsweise und sein Wesen kennenlernen und unseren Körper als Spiegel dessen wahrnehmen, was in uns vorgeht.

Reflexion und der Glaube, dass wir selbst die Schöpfer in unserem Leben sind, bringen uns in die notwendige Verantwortung und lassen uns die ständigen Kämpfe beenden, denn wenn es keinen Schuldigen gibt außer uns selbst, liegt auch die Lösung nicht in der Vernichtung des Anderen, sondern in einer Änderung in uns.

Wir sind geradezu verpflichtet, alles in uns und um uns herum auf seine Richtigkeit hin zu prüfen. Was geschieht aus Angst, was aus Liebe, was ist eine Prägung, was ein selbstdefinierter Wert. Die ständige Reflexion unserer Motive und die Analyse unserer Umwelt als Spiegel unserer inneren Einstellung ist der einzige Weg, in das Bewusstsein der Liebe zu gelangen, die wir eigentlich alle wollen.

Im Moment verhalten wir uns noch wie ein trotziges Kleinkind, das sich weigert zu essen, was es nicht mag. Die Zeiten sind vorbei, in denen die Mutter diesem Kind aus Mitleid etwas anderes vor die Nase gesetzt hat, weil ihr das Kind leid tat. Wir sind an einem Punkt angekommen, wo der Satz gilt »Friss oder stirb«. Entweder wir erkennen, dass es uns an weiblichen Attributen mangelt und dass wir zu uns selbst und der Erkenntnis zurückkehren müssen, dass wir nur im großen Ganzen komplett sind, oder wir werden eine Stufe der Machtkämpfe erleben, die im wahrsten Sinne des Wortes vernichtend ist.

Viele Menschen versuchen, an irgendeinem Ende mit Änderungen anzufangen und das ist sicher sehr lobenswert. Ob wir nun Vegetarier werden, weil wir die Tiere schützen wollen, oder nur noch Fair Trade kaufen, weil wir eine faire Bezahlung anderer Menschen wünschen. Ob wir gegen Kriege demonstrieren, Flüchtlinge aufnehmen oder Geld spenden, ist völlig gleichgültig, wenn wir auf das große Ganze schauen. Denn solange dies ohne den Ausgleich von Materie und Energie, männlichen und weiblichen Attributen und Logik und Spiritualität geschieht, wird all dies zu keiner wesentlichen Änderung führen und wir werden den Kurs halten, den wir eingeschlagen haben.

Die Angst als Auslöser wird nur durch ihr Gegenteil eingedämmt werden, und das ist die Liebe. Und die beginnt immer bei uns selbst. Doch wir können uns nur wirklich lieben, wenn wir uns in unserer Gesamtheit erkennen als einen Menschen mit männlichen und weiblichen Anteilen, die gelebt werden wollen.

Sich selbst zu lieben ist anfangs ein Sprung ins kalte Wasser und auf der Entdeckungsreise, wer wir wirklich sind, erwarten uns eine Vielzahl von Überraschungen, die oftmals nicht angenehm sind, denn wären sie das, hätten wir sie viel früher wahrgenommen. Unser Gehirn unterdrückt nur das Unangenehme.

Und so kann es sein, dass ein Mensch, der vorher eine steile Karriere in der Arbeitswelt hingelegt hat und immer auf Logik und beweisbare Fakten bedacht war, seine überdurchschnittliche Intuition entdeckt, die im Gegensatz zu allem steht, was ihm die Fakten sagen. Es wird Menschen geben, die entdecken, dass ihr bisheriges Lebensziel der finanziellen Absicherung, für das sie hart gearbeitet haben, eine übernommene Prägung ist und sie am liebsten darauf pfeifen möchten. Alle diese Entdeckungen sind schmerzhaft, weil sie unser vorheriges Leben sinnlos erscheinen lassen, doch sie sind heilsam, denn diese Ehrlichkeit und der Mut, endlich das zu leben, was bisher nichts wert war, führen zu einer echten Veränderung.

## Weitere Veröffentlichungen der Autorin im Franzius Verlag:

**»Sand in ihren Schuhen«**
Biografie, ISBN 978-3-945509-30-2

Im Alter von 30 Jahren wanderte Petra nach Ägypten aus, da sie ihre Bestimmung weder in Deutschland noch im Öffentlichen Dienst sah. In Ägypten lernte sie zunächst ihren Traumpartner kennen, den sie jedoch verschmähte. Danach traf sie ihren späteren Ehemann Sayed, mit dem sie über sechs Jahre eine meist sehr harmonische Ehe führte. Das Glück wurde durch die Geburt der gemeinsamen Tochter perfekt, bis Petra herausfand, dass ihr Mann einen Fehler begangen hatte, der für ihrer aller Leben schwerwiegende Folgen bereithielt: Sayed musste seinen »Fehltritt« heiraten und eine Zeit voller Leid, Gewalt und enttäuschter Hoffnungen begann. Diese gipfelte nicht nur in Petras Flucht aus Ägypten, um das Leben ihrer Tochter zu retten. Die Geschichte zeigt auch den oft schmerzhaften Weg der Selbstfindung und Liebe zu sich selbst und dem Leben.

Nachdem sich Petra von ihrem Mann scheiden ließ, verstärkten sich die Bedrohungen durch ihn weiter. Zurück in Deutschland folgten sowohl Telefonterror als auch Todesdrohungen gegen Freunde und Familienangehörige der Anwälte - bis heute.

**»Wind in ihren Haaren«**
Roman, ISBN 978-3-96050-013-1

Nach ihrer Flucht aus Ägypten ist Petra mit ihrer Tochter zwar sicher in Deutschland angekommen, doch von einem ruhigen Leben ist sie noch weit entfernt! Der Wille, glücklich zu sein, führt sie auf verschiedenste (Um-)Wege und auch zu einem neuen Mann. Doch wie immer in ihrem Leben wählt Petra auch hier gerne das Komplizierte. Sie versucht nebenher, ihr Eigentum in Ägypten zurückzubekommen. Dies würde den Drohungen ein Ende bereiten, die das Leben von ihrer Tochter und ihr ständig begleiten. Am Ende hilft ihr dabei die Erkenntnis, dass Liebe der einzige Weg ist!

Bei »Wind in ihren Haaren« handelt es sich um einen in sich abgeschlossenen Roman, der auch unabhängig von »Sand in ihren Schuhen« gelesen werden kann.

**»Liebe und Gewalt – Wahre Begebenheiten der Leser von ›Sand in ihren Schuhen‹«**
ISBN 978-3-96050-038-4 (eBook)

Gewalt gegen Frauen, besonders in Beziehungen, ist auch heute noch ein Thema, das in der Öffentlichkeit zu wenig Beachtung erfährt. Oftmals stehen die Betroffenen alleine vor einem Berg an Problemen und erhalten nur unzureichend Hilfe bei dem Prozess, sich von ihrem Peiniger dauerhaft zu trennen. Die Autorin, die in ihrem Buch "Sand in ihren Schuhen" ihren eigenen Trennungs- und Heilungsprozess beschrieben hat, erzählt in diesem Buch und in Bezug auf das wichtige Thema sechs unterschiedliche und wahre Geschichten ihrer Leserinnen.

**»Eine Seele in zwei Körpern: Der Weg der Dualseelen in eine glückliche Beziehung«**
Ratgeber, ISBN 978-3-96050-118-3

Dualseelenbeziehungen sind die wohl intensivste Art der Liebe, die in einer Inkarnation erlebt werden kann. Sie beschert allen Beteiligten seelischen Schmerz, immer neue, scheinbar nicht zu bewältigende Herausforderungen und die Konfrontation mit einem Gegenpart, der sich komplett von der eigenen Persönlichkeit unterscheidet.

Der Weg zur Beziehung ist meist lang und beschwerlich, wenn sie überhaupt erreicht wird. Doch mit dem notwendigen Verständnis von Sinn, eigener Aufgabe und dem Wesen des Anderen lassen sich unnötige Brüche in der Beziehung und typische „Fallen“ umgehen. Das Ziel – eine Beziehung in bedingungsloser Liebe und Glück – kann so einfacher erreicht werden.

Die Autorin erklärt nicht nur die typischen Entwicklungen in diesen Beziehungen, sondern auch die beiden Beteiligten - den „Loslasser“ und den „Gefühlsklärer“ – so, dass das Verständnis füreinander wachsen kann. Außerdem hilft ein 50-wöchiger Kurs dem „Loslasser“ auf seinem Weg zu Eigenliebe und Glück.

**»2015 - Wer wir sind, wo wir stehen und wohin wir gehen«**
Sachbuch, ISBN 978-3-945509-31-9

Wie leben wir? Und warum tun wir es gerade so und nicht anders? Und wieso bringen Fortschritt und Entwicklung offensichtlich weniger Glück, aber mehr Unzufriedenheit, Krankheit und Stress in unser Leben. Diese und andere Fragen werden in diesem Buch gestellt und nicht nur das System, sondern das Leben in seiner Gesamtheit zur Beantwortung kritisch hinterfragt. Dabei zeigt die Autorin einen klaren Weg heraus aus der Misere – die Entwicklung von Eigen- und Nächstenliebe!

Ein Buch für alle, die bereit sind, aus der Opferrolle herauszutreten - hinein in ihre eigene Schöpferkraft!

## Novitäten Herbst 2018 / Frühjahr 2019 im Franzius Verlag

Romane

**»Barackenkinder«**
Roman nach einer wahren Begebenheit
Von Marion Schinhofen, ISBN 978-3-96050-158-9

**»S.A.M. – Mord zwischen den Zeilen«**
Roman von Teresa Nagengast, ISBN 978-3-96050-156-5

**»Blowing Across«**
Science-Fiction von Christine Keller, ISBN 978-3-96050-154-1

**»Tödliche Ruhr«**
Kriminalroman von Ralf Weißkamp, ISBN 978-3-96050-152-7

**»Ein Stück Süden«**
Roman von Sigrid Wohlgemuth, ISBN 978-3-96050-150-3

**»Das Spanische Schwert«**
Kriminalroman mit historischem Bezug von Neal Skye & Cherry Loster, ISBN 978-3-96050-147-3

**»Im Kreis des Drachen«**
Fantasyroman von Frank Bergmann, ISBN 978-3-96050-132-9

**»Auf leeren Seiten«**
Mystery-Thriller von Melanie Bottke, ISBN 978-3-96050-143-5

**»Jagdbare Tiere«**
Mystery-Thriller von Ronja Potstawa, ISBN 978-3-96050-145-9

**»Grazie Roma @ schön, dass es E-Mails gibt«**
Roman von Claudio Gallo, ISBN 978-3-96050-134-3

**»Für eine Stunde«**
Thriller von Perry Payne, ISBN 978-3-96050-130-5

**»Übelst – Eine schräge Komödie«**
Roman von Andreas. A. Reichelt, ISBN 978-3-96050-139-8

**»Betty und Paul – Zwei auf einer Bank«**
Liebesroman von Marion Schinhofen, ISBN 978-3-96050-099-5

**»Das Labyrinth des Narren«**
Roman von Peter Dumat, ISBN 978-3-96050-095-7

**»Mit dem Herbstlaub kommt der Tod –**
**Kommissar Maiwalds erster Fall«**
Kriminalroman von Kathrin Hölzle, ISBN 978-3-96050-086-5

**»Yoga, Chaos und ein Mörder«**
Kriminalroman von Kathrin Hölzle, ISBN 978-3-96050-141-1

**»Rich & Mysterious – Sie ist dein Ruin«**
**Band 2 der »Rich & Mysterious« -Reihe**
Kriminalroman von Neal Skye, ISBN 978-3-96050-103-9

**»Kate – Die letzte Göttin«, Band 2 der »Kate«-Reihe**
Roman von Perry Payne, ISBN 978-3-96050-057-5

**»Die Schakale der Inquisition – Eine Liebe aus karmischer Sicht«**
Roman von Mirjam Wyser, ISBN 978-3-96050-127-5

Biografien

**»Elisabeth Amandi. Die Biografie – Kreativität macht glücklich«**
Von Yngra Wieland, ISBN 978-3-96050-123-7

Sachbücher und Ratgeber

**»KETOGA – Ketogene Ernährung und Yoga«**
Von Fabrizio P. Calderaro, ISBN 978-3-96050-120-6

Kinder- und Jugendbücher

**»Die Siegel Asinjas Teil 2: Im Auge des Drachen«**
Von Andi LaPatt, ISBN 978-3-96050-101-5

**»Acello und der Riese Philemon«, Band 3 der »Acello«-Reihe**
Von Mirjam Wyser, ISBN 978-3-96050-125-1

**»Die Kristallkinder und das Geheimnis der acht goldenen Haare«, Band 2 der »Kristallkinder«-Reihe**
**(Illustriert von Merli (Gabriele Merl))**
Von Mirjam Wyser, ISBN 978-3-96050-106-0